U0727852

创业就是构建美好关系

祝愉勤 ✿ 著

中国友谊出版公司

图书在版编目（CIP）数据

创业就是构建美好关系 / 祝愉勤著 . -- 北京 : 中
国友谊出版公司，2022.1
ISBN 978-7-5057-5130-9

Ⅰ. ①创… Ⅱ. ①祝… Ⅲ. ①企业管理 Ⅳ.
① F272

中国版本图书馆 CIP 数据核字 (2021) 第 234410 号

书名	创业就是构建美好关系
作者	祝愉勤
出版	中国友谊出版公司
策划	杭州蓝狮子文化创意股份有限公司
发行	杭州飞阅图书有限公司
经销	新华书店
制版	杭州真凯文化艺术有限公司
印刷	杭州钱江彩色印务有限公司
规格	880×1230 毫米　32 开
	9.25 印张　180 千字
版次	2022 年 1 月第 1 版
印次	2022 年 1 月第 1 次印刷
书号	ISBN 978-7-5057-5130-9
定价	68.00 元
地址	北京市朝阳区西坝河南里 17 号楼
邮编	100028
电话	（010）64678009

谨以此书献给

我的父母、我的创业搭档（妹妹）祝晓晴、先生楼剑锋以及"创业八大元老"，在此感谢所有携手同行的伙伴！

在创业过程中，如何缔结关系，获取外界支持，为用户、合作伙伴、所处行业乃至整个社会创造最大化的价值，是每个创业者需要持续思考的课题。本书记录了作者作为创业者的亲身经历和心路成长，她的所感所思，也是大多数创业者的缩影，拥有一种超越具体行业和特定时空的力量。

——财经作家，890新商学、蓝狮子出版创始人　吴晓波

正如书中所言："创业者要找到幸福和快乐，最重要的一点是创造价值，对别人有帮助。"祝愉勤董事长多次担任"浙江大学求是强鹰实践成长计划"创业导师，以无私奉献的育人情怀将宝贵的人生经验倾囊相授，为众多有志于创新创业的浙大强鹰学子指点迷津，给予他们成长与实践机会。在本书中，她继续秉持"成就他人"的情怀，从众多创业者"不知道如何构建和维护美好关系"这一痛点出发，结

合近20年创业征途上的酸甜苦辣，毫不吝啬地将所有心灵体悟分享给后来者，教会读者如何点亮自己，如何温暖他人，值得更多创业者细细品读。

——浙江大学创新创业学院常务副院长，时代强鹰·杭州创业发展促进会会长，浙大强鹰计划创始人　阮俊华

构建企业和谐关系，很多企业家往往聚焦在客户关系、政商关系、员工关系方面，恰恰忽略了与自己的关系和与家族合伙人关系的和谐。

本书的精彩就在于祝愉勤董事长深度结合自己的创业经历剖析了6种核心关系的构建之道，尤其从女性创业者视角阐述"创业者和自己的关系""创业者和家族合伙人的关系"，让我们领略了谋生又谋爱的大智慧。

成就美好的关系，才能成就美丽的事业，从而成就美丽的人生。

——北京理工大学副教授，海底捞大学创始校长、首任HR负责人　王奋

人生就是一场修行！这句话对所有人来说太通俗不过了，但"行"是什么、如何"修"却深奥艰涩，说法又岂止花开百家？

祝愉勤的新书《创业就是构建美好关系》其实研究的是创业者的修行。创业者千千万，但创业者当如何修行？除了做事先学做人等传

统外，能结合自身近20年的经历提炼、概括、升华而成书的，真不多见。书中剖析了6种关系：创业者和企业、和自己、和合伙人、和员工、和客户以及和行业的关系，面面俱到，精髓跃然纸上，足见当年财经记者的功力。

——全国五一巾帼标兵，中华全国工商业联合会美容化妆品业商会监事长　马娅

祝愉勤董事长的《创业就是构建美好关系》出版发行，甚感欣慰！与祝总相识10余年，见证了她与"静博士"的发展奇迹！作为行业的领军人物，祝总的许多企业经营管理经验、为人处事之道都值得美妆服务领域的同仁们认真地了解和学习。祝总领导的静博士美业集团是真正意义的赤手起家，经历10余载坚守创新成长并有所成就的行业标杆企业，同时也是美业服务领域从一家美容店做到百家连锁，涉及医美和中医养生以及输出管理教育服务的成功机构。

从书中所述，我们可以清晰地了解到她引领企业艰辛的发展历程。书中强调企业的初心是为了构建美好的生命关系，以助人之心服务广大爱美人士，这种美好的情怀是一位优秀企业家不可缺少的品格素养。书中通过许多亲身经历和极具画面感的故事诠释了关系的发生与如何成全关系的圆满，值得细细品味与感悟。

构建美好和谐的关系是企业最好的愿景与担当！每一段经历的关系圆满是修心、修为、修行的过程，形成人人良善助人的环境，社会和行业就有无限的美好。关系从发生到圆满直至完成值得人们一生去追求，我看到祝愉勤董事长带领身边的伙伴们正行进在这条大爱大美的信仰道路上。

——中华全国工商业联合会美容化妆品业商会秘书长　许景权

前
言

用美好链接世界

2003年春天，因为"脸上长满了痘痘"，我在杭州开了一家只有200多平方米的美容院，一不小心踏上改革开放后中国美业蓬勃发展的快车道，成为200多万家小家创业者中的一员；在之后的10余年里，"成人之美"成为我工作和生活中最重要的部分。

创业之前，我在浙江的一家财经媒体工作，当了13年的记者、编辑，工作可谓得心应手，但开一家小店却让我的人生突然变了样，与这个世界突然多了许许多多的链接：员工、顾客、同行、供应商、社区、政府……也因此而改变了我，"从此我不再是原来的我"。

有一天早上，我突然意识到，开一家小店，做一家企业，经历的种种事，遇到的种种人，都是人生的考验；考验创业者的心性、体力和毅力，更是考验创业者对关系的认知。在每一个关系的链接中，都寄托着希望、梦想、要求和回报，我逐渐认识到，如果以积极正向的姿态响应这份链接，就能获得积极的反馈，从而形成美好关系，企业就会逐渐产生"向心力""凝聚力"，就会拥有强大的推动力；反之，链接就可能会断裂，企业也会分崩离析。

所谓企业经营，其实就是努力地经营与所有相关者的关系，用善意、好产品、优质的服务去链接他们，只有这样企业才能持续地成长，企业家才能拥有事业成功、家庭幸福、心灵愉悦的美好人生。

这本书的内容分6个部分，阐述了创业者和企业、自己、合伙人、员工、客户以及行业的关系。创业过程结合心路历程，从点滴入手，阐述我对关系的认知。

"关系"的重要性，我是在2009年创业遭遇重大困境后才有了深刻的体悟，那段堪称绝望的岁月依然令我刻骨铭心，也翻开了我的人生新篇章。

当时，员工动荡、客户投诉、合伙人不同频、家人不理解，企业陷入风雨飘摇之中，而我那正上初中的儿子由于缺乏父母管教沉迷游戏……人到中年的我，在工作和生活的双重压力下焦头烂额，濒临崩溃。

很多创业者想必都有过和我类似的境遇，因为企业经营不善，身心被难以言表的痛苦所湮没。

2009年，静博士正处于由个体向组织转变的重要节点上，而创始人的胸怀、思维和心态跟不上企业的发展脚步，各种链接出现了问题，企业被迫停滞下来。

每年新创约15万家民营企业，同时每年又有10多万家倒闭，有60%的民企在5年内破产，有85%在10年内死亡，其平均寿命只有2.79年。在这速生速死的创业浪潮之中，很多都是跨不过"个体向组织转变"的这道坎儿。

在一家企业里，没有愿景、使命、价值观和目标，创业者没有承担起让企业活下去的基本责任，干部与员工不能够相互包容，顾客和同行对企业没有认同感，合作伙伴间失去了信任与理解，如果还得不到亲人支持，那么在工作中就会失去自我，恶劣的关系就变成了手铐和脚镣，身处其中，体会不到快乐、欣赏、支持、鼓励、愉悦等美好的感觉，只会感到窒息般的痛苦，想要拼命挣脱。即便资金再充裕，创业项目再有前景，没有良好关系的浸润，团队分崩离析仍在所难免，创业者个人的能量会渐渐消耗殆尽，企业经营失败也就不足为奇了。

在过去十几年中，我所看到因关系恶化而导致的悲剧，实在不胜枚举。眼见，曾经情比金坚的夫妻分道扬镳；眼见，曾经患难与共的兄弟姐妹各奔东西；眼见，曾经踌躇满志的志士众叛亲离；眼见，曾经叱咤风云的枭雄银铛入狱……

就创业者这一独特的群体而言，大多具有超越常人的坚韧品质，但过于强大的自我意志力也往往会压缩身边的自由空间，给人无形的压迫；而创业过程中的利益纠纷，则往往会成为矛盾激化的导火索。有时，仅仅是一时的情绪波动或细小的误解，都会摧毁并不牢固的关系，变得一发不可收拾。

不少创业者以无比的热情和勤勉投入工作，拥有无可挑剔的品德和卓越的能力，对企业和行业怀有深厚的责任感，却在处理自身与他人的关系时极度笨拙，甚至采用不屑的态度与漠视的方式来应对关系中出现的危机。

我常常会想到一位朋友，在一次聚会后，瘦瘦的他站在萧瑟秋风中，眼神里充满落寞，用沙哑低沉的声音叹息"就算我成功了，也没有人会为我鼓掌"，瞬间令我感到刺骨的寒意和深切的警醒。一个无人跟随的将军岂能赢得凯旋，一个无人爱戴的领袖岂能收获胜利，一个无人支持的企业经营者又岂能摘取成功的果实？

人与人的关系，犹如一条隐形的绳索，日常看不见、摸不着却又真实地存在着，并在我们的生命里时时刻刻发挥重要的作用。在创业过程中，关系不像产品、服务、资金、品牌、技术、政策等要素般显而易见，却无疑是最为核心的关键之一。做事之前，先学做人，再伟大的事业都是人做出来的，而**关系的本质便是人与人之间的链接**，它会分化成人的日常语言、行为、习惯、决策，成为最终呈现的真实存在。

　　我很渺小，从护士、秘书、记者再到创业者，一路走来并不是一个关系达人，更不是一个巧言令色者，性格也偏倔强。但命运给人带来挫折和艰难，也同时带来感召和启迪。

　　在创业的过程中，我深刻感知：企业要有所成就，便离不开命运相连的核心团队，少不了员工的努力，以及在背后默默支撑的良师净友、手足亲朋，更重要的是需要广大客户、同行的认同和支持，乃至整个社会环境的助力。创业者必须链接各种关系，并持续地致力于改善这些关系。而在这些链接中，自己和自己的链接尤为重要，找到自我，和谐共存，活出精彩，方能和合伙人、家人、员工、客户和同行同频共振。

　　良好的关系就像一条纽带，能够缔结自身与周遭的力量，广结善缘，便可以从中得到幸福的回馈，源源不断地为创业者汲取力量，使企业得到滋养，并逐渐拥有强韧的生命力。而企业的愿景、使命、价值观是形成这一切良好关系的前提。

　　创业是一场修行，反思过去，修在当下，成就未来。正因品尝过关系不融洽带来的苦果，静博士才开始重新定位企业，立志成为"美丽健康使者的创业平台"，鼓励员工在企业中以创客的身份实现自身价值；静博士人是"客户全生命周期的健康颜值管家"，帮助客户健康美丽是我们的使命。而作为面向同行、面向未来的浙江爱我（AIWO）科技有限公司，明确定位"打造中国美业产业互联网平台"，致力于推动中国美业的门店一起走向成功。

　　企业要搭建良好的关系何等艰难，绝非一日之功，"路漫漫其修远兮，吾将上下而求索"。在本书中，记录了我作为一个创业者的亲身经历、所见所闻和点滴感受，希望能给后来者一些借鉴与启示。

　　我们希望用一条美好的关系链把人串起来，从中感受到"在一起更美好"。

01

创业者和企业的关系：
血脉相连，带领企业活下去

———

　　"让企业活下去"，不管创业者的角色和地位怎么变，这一责任永远不变；活着，才能谈发展；活着，才能话理想；活着，才能凝聚人；活着，才会让创业者苦中作乐。但市场风云莫测，活下去很难，因为企业是活着的物种，不进化则退化，所以创业者要用一口真气持续呵护其成长。迎变创新，转型升级，建立企业文化，都是必须要做的。

———

"活下去"是创业者最基本的担当

"长痘痘的苹果"——活着不易

"勇当射潮人"——积极自救

"三个和尚没水吃"——不破不立

"不浪费一场危机"——克服恐惧

进化力是创业者的核心能力

企业是活着的物种——不进化则退化

O2O兵临城下——被动迎战

从面子到里子到数字——主动转型

抓企业文化是创业者毕生要做的事

员工是"珠",文化是线——传承是关键

从"家文化"到客户文化——虚则实之

"和农民工谈价值观"——时刻传播

"活下去"是创业者最基本的担当

"长痘痘的苹果"——活着不易

我的创业其实源于一个非常小资的梦想。

那是一个阳光灿烂的午后，我去水果摊位买苹果。我轻声嘀咕："老板娘，今天这苹果怎么都长得坑坑洼洼的呢？"没想到，卖苹果的大妈斜了我一眼说："只允许你的脸坑坑洼洼，就不允许我的苹果坑坑洼洼？！"

在这个"长痘痘的苹果"刺激下，我对着镜子里红彤彤的痘痘，又点点我妹妹脸上的雀斑，狠狠地对我妹晓晴说：我们开家美容院吧。于是，第一家店取名"静博士"。

创业初期，要说有远大梦想，那一定是骗人，我想的只是皮肤变美，顺便赚点钱。我们在机缘巧合之下打开创业之门，天真地憧憬着那些广为人知的造富神话，梦想着门内世界的斑斓绚丽。但创业短短一个月后，各种困难呼啦啦地飞来，又遇SARS，差点有去无回；半年后，听闻同行因为承受不了压力跳楼自杀，才发现创业之路荆棘丛生，还潜伏着无数个恐怖的深渊，一颗没有准备好的小心脏实在是承受不起。

危机不期而至，就会成为考验创业者心力和体力的关键时刻。

在2003年静博士刚开张不过一个月，因为不懂专业、不懂服务，经营困难重重的时候，又经历了SARS的冲击。杭州出现了输入型病例，一时间，全城人心惶惶，大街小巷人影无踪，商业一片萧瑟，美容院更是门可罗雀。我站在杭州市中心的著名服装街，看着对面辛辛苦苦的小店，门口空空荡荡，这几年好不容易积攒下来的钱投身创业，估计要打水漂了。

接着，周边的一些美容院开始陆续关门。在离静博士门店不远的另一条路上，就有一家美容店的经营者卷款跑了，被媒体曝光谴责，据说也是姐妹创业。顾客担心静博士也撑不了多久，于是纷纷退卡，经营更是雪上加霜。我父母也有所察觉，对我和妹妹说："你们不要倒闭啊。"

是啊，不能就这么死了，我们开始自救。我和妹妹四处奔走，向同行取经，只为了寻找存活下去的一线生机，在疫情后用一招"林蛙减肥"让门店走出了危机，每天客流超过70人。此时，却听闻杭州的一位同行，因为顾客投诉，员工离职，内心焦虑烦躁，在给丈夫打完电话后跳楼自杀，她留下的最后一句是："我受不了。"

听到消息的一刹那，我也受不了，手脚冰凉地坐在办公室里，清晰地看到妹妹眼里的泪花；早知道创业这么困难，当个记者挺好的，干啥也不当美容院的老板。

"没有强大的心智就不要创业，创业者最后比拼的是体力和心力"，真是这个理啊。

就在同一天的下午，一位员工跑进办公室说她妈妈生病了，想借钱，我就借了她1000元，没有想到这个员工第二天没来上班，从此不见了。

几件事情的积累，我开始意识到我对创业的认知太过天真了，怀着美好的憧憬就不假思索地闯进这个陌生的行业，根本没有准备好，不懂顾客，不了解员工，更不会经营。但我已经掉进坑里了，就好比掉进黑暗里，能做的不是静心等待，而是适应环境，就这样懵懵懂懂干了几年个体户，做了几年生意，赚了一点小钱。直到进入2009年，企业遭遇重大挫折，我才明白一家企业想要持续发展很难，活着就已经很不易了，就好比打仗，没有"道、天、地、法、将"，不可能赢得战争的胜利。

危机不期而至，就会成为考验创业者心力和体力的关键时刻。

直至2009年，静博士在杭州才初具规模，却"生病"了，1/3的员工流失，顾客大量投诉，企业面临倒闭。

那一年，我和先生有一个机会去欧洲考察，抵达了风景如画的瑞士琉森湖畔。然而，即便身处异国他乡，琉森湖澄澈动人的胜景都未能驱散萦绕我心头的阴霾。出行时，我甚至怀着几分逃避的心理。此时，企业正陷入前所未有的经营困境，焦虑的情绪使我整夜整夜地失眠，面色蜡黄，眼圈发黑，每天都大把大把地掉头发。

而且，被逼到崩溃边缘的人，绝不只有我一个人。手机响了，电话那头又传来妹妹晓晴焦灼的哭腔，声音里透着一股不堪重负的疲倦："姐，这几天出了很多事，我真的度日如年啊。"

我沉默着，不知该怎么安慰她。晓晴不仅是从小跟我一起手拉着手长大的亲姐妹，还是我的创业合伙人。其实我心里清楚，自己"逃离"公司的这几天时间，重担就都压在了妹妹的肩膀上。但我万万没想到，就在短短不到10天的时间里，公司里积累的问题就像是连锁炸弹般集中爆发了，坏消息一个接一个传来：新任总经理主导的改革出了状况，员工人心惶惶，一下子就离职了几十个人，甚至有一个部门集体辞职；一位追随了公司多年的大姐，因为不能接受薪资体系的调整，一怒之下把公司告上了劳动局；客户投诉层出不穷，电视台记者要上门采访曝光……

然而，最可怕的是，我甚至不知道，公司问题的根源到底在哪里。

这一年，次贷危机的余波还未消散，美国巨头企业和投资银行纷纷倒下的消息已令人麻木，从北美发端的金融风暴进一步席卷了整个欧洲和亚洲，国内一时间也风声鹤唳，但我所从事的健康美容行业却一反常态地蒸蒸日上，或许是所谓的"口红效应"发挥了作用，很多人在经济萧条时反而更加关注起自己的容颜和健康。

我们忙着一家又一家地开新店，已经拥有了十几家美容连锁门店、200多个员工的规模，资金链充足，在本地渐渐打响了品牌知名度，本应能更上一个台阶，却突如其来地遭遇了莫名的打击。整个企业像是被抽空了前进的力量，公司里人心涣散，团队更无战斗力可言，员工流失率节节攀升。我仿佛踏进了一个深不见底的沼泽，拼命挣扎却无处用力，就要眼睁睁看着泥潭深渊把自己吞没，找不到一丝希望的光亮。

每每在夜深人静之时，我不止一次地想过放弃："算了吧，做女人何必这么辛苦。"但当早上看到太阳出来，又对自己说"女人当自强"，便又开始投入战斗。也许是天蝎座的性格，也许是不想这样匆匆收尾，不想对自己和追随的同伴无法交代，那个时候，我大段大段地背诵高尔基的《海燕》，每天嘴里念叨着"让暴风雨来得更猛烈些吧"，脚下却踩着沉重的步伐走进办公室。

那个时候，我真的觉得创业是一件非常痛苦的事。

究其原因，当时我抱持的仍然是公司初创时的个体户思维，把开店创业单纯地当作一笔生意，只是生命中暂时驻足的站台，没有想过要让自己的整个余生都与它紧密相连。创始人把创业作为一种为自己赚钱的方式，而缺乏远大的目标和理想，这样的企业终究是难以壮大和持久的。

任何一家成功的企业，都不会缺少对他人的美好关切，也绝不可能只为了成就创业者自身而存在。

当时，我虽然看到了问题，发现了员工缺乏凝聚力、顾客缺少黏性的表象，却没能深入洞察企业愿景、使命、价值观的缺位，反而试图依靠高薪聘请职业经理人的做法来力挽狂澜，结果更是雪上加霜。空降管理人员与原有团队间存在巨大的文化差异，进一步激化了内部矛盾，管理制度的改革举步维艰，顾客口碑遭遇断崖式的下降。

抱着侥幸的心理，期望上苍在危难时刻赐予一位英雄来挽救败局，无疑是荒谬的。用管理的"手段"解决不了企业发展中的根本问题，也就是孙子兵法中开篇先讲的"道"的问题。

一家企业要发展，不能够依赖创业者或少数骨干拥有超常的个人能力，也不能够寄托于空洞的梦想或难以实践的承诺，必须拥有所有人认同的具有一定社会价值的目标，由此建立共同遵循的行为准则，最终固化成为企业的愿景、使命和价值观，才能使一团散沙凝结成难以磨灭的磐石。而企业文化缺失的公司，对内无法团结员工、提升向心力，对外难以打动顾客、获得市场口碑，必然将陷入发展瓶颈。

而作为公司的两位创始人，我和妹妹晓晴也出现了巨大的分歧。面对岌岌可危的形势，我深切地明白创业之路就如同逆水行舟，自己无路可退，必须背水一战。但晓晴在跟我一起开办公司之前，是商业"小白"，创业竞争的残酷性远远超出了她的认知和承受范围。

时隔多年，我仍记得当初她带着满脸的疲惫跑来找我时的情景。她一边默默流泪，一边天真地对我说："姐，咱们能不这么累吗？我实在不想干了……我没有太大的梦想，要不以前开的店算我们合伙的，公司以后再有发展，就都归你。把现在的十几家店做好，就很好了呀！"在这一刻，我几乎无法面对她。我明白，她已经很坚强了，但创业的负担确实太沉重，几乎就要将她的意志压垮，甚至摧毁姐妹间多年的感情与信任。而一旦创始团队分崩离析，对整个企业的品牌、团队、客户的伤害将是难以估量的。

那时，我每天早上醒来想的第一件事情就是"如何活下去"，对自己说"不能把最初所有的坚持变成笑话"，碰到曾经的媒体同行，我都会笑哈哈地说："我努力成为你们创业的榜样"，但其实是打肿脸充胖子。

也许只要行差踏错一步，静博士就无法活到今天。我就是在那个阶段学会了反省，开始寻找企业存在的价值，从客户需求出发探索业务模式，潜心梳理企业文化，慢慢看到了希望，也找到了内心的力量。我对自己说："不要寄希望抓到'大鬼和炸弹'，要努力把一群平凡人打成'同花顺'。"

于是，我沉下心来和团队一起在业务中寻求突破，很多同行在做中药换肤、面部护理的时候，我们抓住差异做减肥，认为"所有面子问题都是因为里子问题", 因此转向健康养生, 同时发现了顾客对医美的需求, 开出了第一家"静港医美", 在中国美业也算是率先走上了双美运营的道路。

回想创业的十几年, 我们从最初的懵懂创业到开茶馆倒闭, 再到2009年个体向组织转变, 遭遇2015年O2O大战, 美容行业饱受冲击, 面对科技进步带来的剧变, 静博士再次面临危机。我焦虑到胃疼, 就好像是热锅上的蚂蚁, 努力寻找出路, 从一颗种子开始组建互联网技术团队, 艰难地迈出了向互联网转型的第一步。因为我深知, **不转型就一定会落后, 而落后的结果就是被淘汰, 这个世界从不等你。**

当时光的巨轮转到2020年年初, 突如其来的新冠疫情影响了整个行业乃至社会民生, 时隔17年, 企业又一次面临生死存亡的严峻考验。

此时就好像有一道光, 点亮了我, 我深刻地体悟到: **人生本就是一场永不停息的奋斗, 创业者更是如此, 在危机来临的时候, 身负着不可推卸的责任——让企业活下去。**

这就是创业者和企业之间血脉相连的关系。

"勇当射潮人"——积极自救

创业不停地在轮回，"活下来，求发展，往前走"，然后又在另一个高度面临"活下来，求发展，再往前走"的问题；2020年的早春，我们再次面临"如何活下去"的问题。我不禁思索，是不是岁月漫长要碰到点事才值得等待？这真是一个哲学的问题。

新冠疫情到来，巨大的困难摆在所有企业经营者面前。著名餐饮品牌西贝的创始人贾国龙向媒体坦言，如果疫情无法有效控制，企业账上的现金撑不过3个月。另一家餐饮巨头海底捞，仅仅两周时间就亏损了超过11亿元，即使是上市公司，现金流也支撑不了多久。

坏消息，全是坏消息，从餐饮业慢慢扩展到娱乐业、旅游业、酒店业、交通客运业……每一个行业都有知名企业在大声呼救，有的更是在短时间内直接倒了下去。

2020年1月下旬的一天，我站在钱塘江畔，眼前是巍巍钱塘，耳畔是阵阵潮声，心中更是波澜起伏：不同于17年前SARS时公司只有十几个人的情形，10余年走来，静博士从一家街头小店慢慢发展到如今有上百家直营连锁生美门店、5家医美机构、1家国医馆，兼具IT大数据公司、行业教育机构，员工接近2000人。美业又是深度服务行业，面临疫情，出路何在？门店不能开张营业，企业一个月就要亏损几千万元，还能坚持多久？我内心的焦虑，你一定无法深刻理解。

望着奔涌而来的钱塘江水，才见狂澜江面起，蓦然转瞬了无痕，我的心也跟着沉浮不定的潮水在江上盘旋，内心渐渐地平静下来，仿佛从这条"母亲河"中看到了希望……就在钱塘江南岸的闻涛路边，靠着江堤，有一处巨大的雕塑，名为"钱王射潮"。观之黝黑厚重，气势磅礴，只见钱王骑马风行，踏浪追潮，仿佛千年之后仍可听闻烈马嘶叫，目睹引弓射妖。这个雕塑体现了一代代浙江人的精神内核：勇敢坚定，不畏风险，勇立潮头。

人类在巨大的困难的面前总是需要一些精神引导，当天的我被这种力量推动，我无法解释，但确实感受到了希望。人，总是要活在希望里的，不然很快就会被打趴下。

与此同时，我更清醒地意识到，如果更艰难的时刻来临，美容行业将比餐饮业更痛苦、更无助。因为餐饮业直接关乎国计民生，而美业非民生必需品，无法进入政府亟须救助的名单中。

后来的发展也印证了我的想法，中国美容行业几乎是疫情期间最后一个被允许开放的服务产业。而且北方地区的同行受冲击更大，有些地方的门店整个2020年都在关关停停中熬日子，疫情一有风吹草动，美容院总是最先被关闭。毕竟是人贴人服务的产业，关自然有关的道理。

天不助我，我自助。面对如此的危机，**在一家企业中，所有人都可以退、可以等，但老板不能，是时候带着团队破浪前行了**。电话响了，两位追随企业多年的骨干石榴和老董分别打来电话说："祝总，估计形势会很紧张，我们不能等了……"是的，我们不能等，**我们要**

行动，狂潮任咆哮，吾当射潮人。

2月1日下午，好久没有码字的我，一挥而就，写了《我们在一起》，静博士的"抗疫自救"战正式打响。2月8日上午，线上召开高管会议，下午店长会议，要求全员进入全面"作战"状态，干部与员工一起帮助远在疫情重灾区的伙伴们渡过难关。

鼓励员工的最好方式是把他们凝聚起来，投入到工作中，投入到生产自救中，给他们稳定、踏实、明确的方向和方法。于是我们明确宣布从当天开始，全体在家工作，天天有事做，大家在一起。

我们要求所有的员工都按"静心关怀"的理念，真诚关心与服务好顾客。虽然大家被隔离在家，相互不能见面，但员工被组织起来后，就能够凭借"在线服务"进行各种形式的创新，有趣的方法源源不断地被发明出来。比如：远程指导顾客在家里该如何健身，组织了健身操俱乐部、宅家瘦身营；由我们的员工担任教练，拍视频和大家在网上互动，家里的桌椅板凳都被利用起来，成为有趣的道具；DIY做美容，水果皮、蔬菜汁和鸡蛋清都成了宅在家里不可多得的"美容精品"，告诉顾客可以美美地打发隔离在家的日子；有的员工还搜集了很多段子、笑话，让顾客在无聊的隔离生活中有了开心一刻。每个人都努力创造乐趣，关心、分享日常的点点滴滴。

总之，我们尽了一切努力，让顾客们知道此时此刻有一家叫"静博士"的美容院仍在努力，有一群小伙伴心里有顾客，和她们在一起。我们在线提供各种各样的信息支持和远程服务，温暖陪伴顾客渡过那段难熬的宅家时光。

困难时期的陪伴，更显温情，人与人仿佛更近了。

2月下旬，我们独立开发的线上"美丽商城"开始销售。当时，杭州物流没有恢复，干部就开车送货上门。到了3月，线上生意已经红红火火，从一天几单到一天几千单，包括从几十元的小护理用品到上千元乃至上万元的高端口服产品，受欢迎程度大大超出了我们的预期。元宵节那天，快递小哥开着他的小货车，来来回回拉了5个满车。他说："今天我被你们包了。"会员们不仅可以在线上商城购买各种化妆品和护肤品，我们还在线推出医美项目，两天卖了4000多单。截至3月底，医美手术已经预约排期到了6月份。在静博士一直颇受欢迎的半永久美眼唇项目，也在线上秒杀了1000多单。

同时，我们为行业3000多家门店免费安装"美丽商城"，带着大家一起抗疫。我们还为援助武汉的医务工作者提供了50万元的护肤产品。

3月12日，我们把一年一度的"创新英雄西湖汇"论坛放到线上举办，8小时连续滚动，连线专家和企业家，著名财经作家吴晓波也参与演讲，分享"数字时代的经营思维的转变"，在线收看的同行达到4万多人；3月21日，静博士又推行组织重大变革（后面会重点讲到）；3月下旬，我们联动行业推出"全民营销"，把静博士美业学堂的二十几堂课搬到了线上；期间，我们推出多场行业的公益直播，每场直播都有几万人收看，收到众多正向反馈。

后来，海南红妆的董事长张艳红也多次在各种场合说："在大家非常焦虑和迷茫的时候，静博士首先发声，让整个行业看到了希望，带动行业同仁走出困境。我推荐了很多老板听静博士在疫情期间的直播课程。在2020年，行业能走出疫情的困扰，静博士功不可没。"

疫情改变了我们原有的业务模式，从接触式服务转向非接触式服务，从以线下销售为主转向线上线下融合；疫情让我们更加珍惜私域流量，把生活美容、医疗美容在体制上打通，力出一孔，利出一孔。3月份，在疫情最严峻的一个月，很多门店还没有开张，但静博士已经实现了正向现金流。疫情让我们的管理模式和营销模式发生了巨大的变化，基本实现**"四个在线化"**，即员工在线、客户在线、管理在线、经营在线。

困难面前，没有人告诉我们路怎么走，有的路就是被逼着走出来的，也许这世界上创业根本就没有什么正确的选择，我们只不过努力奋斗，使当初的选择变得正确罢了。

"三个和尚没水吃"——不破不立

2020年3月，外界经济停摆，我眼前突然一亮：这几年我一直想要做组织变革，但迫于各种原因，怕动作太大后果无法收拾，每次都是小改，但不痛不痒，成效不大。此时，生意做不了，外面工作也不好找，给了一个时间窗口，那咱就折腾折腾内部，看看能不能倒腾一点水花出来。

古谚云："一个和尚挑水吃，两个和尚抬水吃，三个和尚没水吃。"一个团队往往走着走着，就会陷入"人多没水吃"的境地，组织臃肿，部门墙厚重，干部官僚主义，员工失去动力。静博士也是一样，没有疫情还能苟延残喘一段时间，而面临疫情，企业的问题迅速暴露出来：这个组织是否具有战斗力？

在新冠疫情最严峻的期间，静博士进行了重大组织变革：**总部中台化，一线创客化，干部年轻化。**

我特别认同任正非先生的一句话：方向大致正确，组织充满活力。组织有活力才有战斗力，那就要改变原有组织中存在的"老毛病"，往往会元气大伤，但正所谓"不破不立"。阿里巴巴前组织发展专家张丽俊曾说："组织变革90%以上都是以失败告终的，因为太难。如果组织变革不是企业一号位牵头，没有一丝成功的可能。"

3月中旬，静博士全体干部会议，要求100多位干部集体辞职，重新竞聘上岗，把不能创造客户价值的部门砍掉，把不能创造客户价值的流程优化，把不能创造客户价值的"小白兔"员工淘汰。一周后，干部们参加竞聘大会，一手辞职报告，一手竞聘报告。干部向人力资源总监递交辞职报告，核心高管向我递交辞职报告，两个月有多场竞聘演讲。有的岗位经过多次多人的竞聘才决出结果，最后36个干部重新走马上任，原有的一些干部从M线转到P线，也就是从考核团队绩效变为考核个人绩效。干部团队来了一次重大"瘦身"。在疫情期间，干部没有降薪，有的因为升迁反而涨了工资。走马上任的团队士气高涨，他们说："把危机当机会，不调整年度业绩目标，营收和利润目标还要大幅度递增。"

这一轮的变革，导向"打粮"，导向生美和医美融合，导向线上和线下融合；总部中台化，以客户为圆点，梳理端到端的客户服务流程，重新设定组织架构，确定了品牌产品中心、市场营销中心、客户营运中心、交付中心、数据中心等中台运营组织，不再是管控，而是要转向对一线赋能。

整个团队不仅高效敏捷了，还为企业节省了近2000万元的成本。

然而，光靠干部层面的组织变革，还远远不够。**管理层想要赋能，但一线作战单元不主动不想要，就不会有好的结果**。5月下旬，在士气高涨以后，我们立马推出了第二步改革措施：一线创客化。

在疫情期间，用优惠政策激励员工在平台创业：无息贷款、分期付款、分红加倍、鼓励裂变、组织奖金包的一半可做投资金等。一系列优惠政策出台，一次次会议推进，员工们沸腾了。当外界还因疫情而风声鹤唳时，静博士的内部已经被点燃了，大家讨论的热门话题都是创客机制。到6月初，在创客签约大会上，员工们捧着钱排队到平台当创客。

那一天，会场布置成红色，喜气洋洋。多位创客上台分享，感染全场，我的心中有暖流划过，这大概就是"辛苦并快乐着吧"。

在大疫情的背景下逆势飞扬,创客全面绽放。员工的心态发生了巨大的变化,从打工者变成创业老板,主观能动性大大增强,工作由被动变主动,更关注客户,也知道开源节流。创客机制,点燃了员工的创业激情,老板梦想谁都有,那就一起干,共享了公司经营成果的红利。

做了两家店的创客店长方燕说:"我大学毕业就来静博士,从一无所有到在杭买车买房,社会与家庭地位的升级之路,都离不开静博士。看着企业做大做强,坚定了我加入创客的决心,我相信在这个平台能实现自身价值,能让家人过上更好的生活,完成自己在杭州给父母买一套房子的梦想。"

静博士生美门店创客化,静港医美医疗团队创客化,公司中台部门进行股权改革,让核心骨干和企业"同呼吸,共命运"。

与此同时,第三步改革也顺势推出"作战单元干部年轻化",90后走上重要管理岗位,从985、211大学毕业的优秀年轻人成为"参谋长"。

组织变革确定了"庙"和"方丈",确定了激励机制,还要进一步改革,优化企业文化,为组织变革保驾护航。

这些重大改革,在后面的几个月内直接体现出了效果,推动企业在疫情期间打了漂亮的翻身仗。

门店业绩增长,各项管理成本也得到了更好的控制;线上线下融合,使企业在隔离期打破门店边界,把产品送到客户家中;医美和生美融合，生美的伙伴们更懂得顾客，更用心地从顾客需求规划项目，而医美的伙伴们也向生美学习，在服务上更下功夫，顾客到店率直线上升。年轻的大学生充实一线运营管理后，大大地推动数智化运营工具的应用落地，精准营销、精准服务使一线的效率迅速提升，客户的体验感也有所提高。

大疫之年，包括长达3个月的隔离期，静博士的顾客到店率、营收、利润等经营指标全线飘红，感谢全体员工的努力，感谢政府政策的支持，我特别要感谢区、街道领导以及省市区三级妇联领导对我们的关怀。静博士能活下来，是多方努力的结果。

我想，企业活着是不容易的，除了运气，变是应对一切变化的最好出路。

事后，在读王阳明先生的文章《寄杨邃庵阁老书》中有一段"万斛之舵，平时从而争操之者，以利存焉。一旦风涛颠沛，变起不测"的描述，我就会联想到经营企业犹如舟行海上，风云莫测，而创业者就如舵手，不仅要把握航行的方向，还要洞察人心掌握时机，稍有懈怠，就会偏离方向，使组织失去活力。

创业者有太多的工作要做，而**推动组织变革，催生团队活力，让企业充满战斗力，是创业者的重要工作，其他别人能干的活就让别人去干，唯有这份工作，当仁不让。**

因为让企业活下去，是创业者最基本的担当。

"不浪费一场危机"——克服恐惧

疫情之后，浙江省妇联和浙江省女企业家协会评选"抗疫先锋奖"，静博士名列其中，我个人也被评为浙江省三八红旗手，当时记者问我："疫情期间，静博士这么大的组织变革，你当时是怎么想的，又碰到了哪些阻力？"

我说了两点：不浪费一场危机和关键时刻不妥协。变革，变的是两点，第一是变革制度，第二是变革人，这两点都能很难。曾国藩曾说，先哲称"利不什，不变法"，吾谓"人不什，不易旧"，其义是没有10倍的利益就不要变法，没有10倍的人才储备就不要换人。

静博士就是生于危机，长于危机，从2003年SARS危机、2009年成长危机、2020年新冠危机中走来，我作为创始人，面对危机逃无可逃，因为只要往后退，企业就将节节溃退。事实上，一家企业的精神气和创始人的精神气密不可分。

任何改革都会碰到阻力，而这种阻力往往来自团队甚至是核心骨干。

创业者都会碰到在机会面前人才短缺，也会碰到干部在目标、利益上和企业博弈，有时候不得不选择妥协。但是在危机面前，坚定地说"不"，尤其面对重大组织变革，一定会涉及一部人的既得利益，这时候考量的是创业者的心力和毅力。

我在经历了很多个无眠之夜后，想明白一个道理，其实改革最大的心理障碍来自创业者自己，明明知道该干什么，但常常患得患失，于是失去了改革的勇气，企业渐渐衰败。我对自己说，生死一线，没有什么放不下的，不变死路一条，变也许还有活路，就算有人想要离职，但疫情也导致工作不好找，至少有两三个月缓冲期，这就给改革争取了非常关键的时间窗口，我想这就是所谓的"打仗需要天时"。

何况，关键时刻还要看干部的担当，认同就一起走，不认同就放手。

创业者往往在被逼到绝境时，"坚其志，苦其心，劳其力"而激发洪荒之力，才会用行动去治愈恐惧，明白**这世上没有绝望的处境，只有对处境绝望的人**。也许，人都要到危机之时，才能逼出骨子里的坚强。

2020年，静博士团队从危机中走来，有了重大突破，年轻的干部成长起来，老干部打破了天花板奋勇前行。有的干部在改革过程中瘦了十几斤，团队面对困难，反而更加坚定。组织能力的成长是肉眼可见的，当然也有重要岗位干部的流失。正如我在疫情一开始时对同行直播分享时说的，**企业真正的危机来自内部，创业核心团队没有了坚定的信念，组织失去了方向，员工没有活力，企业也就失去了殊死搏斗的生命力**。

一家尚未经历严峻危机检验的公司，便称不上真正成熟、稳健的企业。著名财经作家吴晓波在他的成名作《大败局》中便如此写道："如果我们要判断一家企业是否是一家稳定和成熟的企业，首先要观察的是，它在过去的两到三次经济危机、行业危机中的表现如何，它是怎样渡过成长期中必定会遭遇到的陷阱和危机的。如果你面对的是一家在几年乃至十几年的经营历程中一帆风顺、从来就没有遭遇过挫折和失败的企业，那么，要么它是一个上帝格外呵护的异类，要么它根本就是一个自欺欺人的泡沫。"

优秀的企业家总是具有惊人的危机意识，便如比尔·盖茨曾经屡屡告诫微软的员工："我们的公司离破产永远只差18个月。"而任正非则在华为2000财年销售额达220亿元，以29亿元人民币利润位居全国电子百强首位的时刻写下了著名的《华为的冬天》，发自肺腑地自我质问："下一个倒下的会不会是华为？"正是在这样的危机意识驱使下，企业家才能未雨绸缪，在危机真正降临的时刻坚如磐石，心若玄铁，不屈不挠地迎接挑战，积极自救。

所以，摧毁一家企业的永远不会是纯粹来自外部的冲击，真正的病灶总是早已隐藏在企业内部。如果企业的产品落后于时代科技水平的快速革新，服务跟不上消费者生活方式和消费习惯的改变，组织缺少自我革新的活力，那么即便是处于顺风顺水的市场环境中，实际上也只是维持年复一年的低水平罢了，在持续的市场竞争中倒下是迟早的事，市场整体危机的到来只是助推这一过程的加速器而已。

创业者不仅要未雨绸缪，提前为企业囤积过冬的资粮，更要能够在危险降临时抓住机遇，将危机当成一面照亮企业状况的镜子，通过危机审视自身，让平常容易被忽略的病态集中暴露出来，找出问题，从而想方设法解决问题，利用危机带来的紧迫感激发员工的创造力，提升队伍抗压能力。

所谓"危机"，往往是剥开了"危"这个橘子，看到了"机"。

我在做财经记者的时候，采访过很多浙江的企业家，看到了许多起起伏伏，既有一个浪潮下来就倒下的"知名"企业，也见识过不少企业家在危机中涅槃重生。

记得当年在各大媒体纷纷诟病温州鞋业的时候，温州商人王振滔邀请各大媒体记者出席，在杭州武林广场一把火烧掉了堆积如山的仿冒鞋，也把自己烧成了"温州鞋王"，硬是将危机生生转化成了机会。

那一次新闻发布会，我就在现场，也采访了王振滔。当时的景象对我这名小记者的内心有着巨大的触动，特别感慨：**每一个成功的笑容后面，都深藏着一个咬紧牙关的灵魂。向死而生，需要勇气，更是一种智慧。**

进化力是创业者的核心能力

企业是活着的物种——不进化则退化

"生命会找到他自己的出路",这是电影《侏罗纪世界2》的一句经典台词,电影里的恐龙甚至能根据外部环境的改变而改变皮肤的颜色,恍惚中好像它们进化了,拥有了强大的生命力。

我一直很喜欢《侏罗纪公园》系列电影,史蒂文·斯皮尔伯格在影片中创造了一个神奇的恐龙世界,使那些或善良或狡诈或温顺或凶狠的恐龙,仿佛穿越了数千万年的时光来到我们眼前。试想一下,如果恐龙有进化力,这个世界会是怎样的?

事实上,如恐龙、猛犸象这样巨大的生物如今早已淹没在历史的尘埃中,正是因为缺乏进化力;而到处可见的小老鼠,却是生命力最顽强的哺乳类动物,它们能根据环境的变化而不断变化,其生命力远非庞然大物可比。

创业以后，我常常在想一个问题：**任何有生命的物种只要不进化就会被淘汰，而企业其实也是一种有生命的"物种"，不进化就找不到出路。**

在创业道路上，从来没有无病呻吟的变革，都是被逼无奈的进化。 在外部环境剧变的时代，企业必将面临科技创新带来的消费者生活方式改变和满足消费者需求的供应模式改变。

当下，整个社会都在进行激烈的数字化改造，放眼望去，客户在变，员工也在变，这就要求企业的经营模式、组织结构、激励机制、企业文化都要随之改变。但是，我们往往已在原有的路径上行走太久，习惯了既定的道路，慢慢地就变成了温水里的青蛙，直至某天连扑腾一下的能力都消失了。

小时候，我读过一篇文章《装在套子里的人》，主人公害怕改变，老是心神不安，总想给自己包上一层外壳，他的口头禅就是"千万别闹出乱子来"。有时候午夜梦回，面对这个巨大变局的时代，我对自己说：可不能活成套子里的人。

2013年9月，曾经占据全球手机市场统治地位长达10余年、市场份额一度超过40%的诺基亚，无奈地将其手机业务以54.4亿欧元的惊人低价出售给微软，前任CEO约玛·奥利拉在记者招待会上说："我们并没有做错什么，但不知为什么我们输了。"

诺基亚在手机领域遭遇滑铁卢的原因，众说纷纭，但无论如何都与智能手机浪潮密不可分。我们再来看，老牌企业在以往通过几年、几十年甚至上百年时间辛苦构建的所谓原则、规律、护城河都接连失去了作用，那些原本依托商品经济建立起来的强大体系，一个接一个遭受猛烈的冲击，看似坚不可摧的堡垒在眨眼之间摧枯拉朽般毁去，金融、制造、零售、餐饮、交通、媒体、医疗乃至街头巷尾的服务业小店都在改头换面，快速迭代。

这是一个技术爆炸的时代，新的变量不断出现，打破原有的平衡成为主流，又在极短的时间内被另一个浪头打翻。

有一件发生在身边的故事，让我影响深刻。

多年前，我的一个男同学在城市改造中拿到了政府补贴的一大笔钱，于是他和老婆两人商议开一家200平方米超市。就在他的小超市装修之际，旁边几百米远的地方，一个庞然大物正在建设，它的名字叫"沃尔玛"，故事的结果已经不言而喻，血本无归，最后夫妻离婚。

也许很多人会笑话我的同学，说零售业已经从百货商店到连锁店再到超级市场阶段，现在线上和线下OTO经营，你在超级市场阶段开小超市，不死才怪；岂知这和"我们在看风景，看风景的人正在看我们"是一个道理，在美容行业，互联网化和数字化的程度很低，我们还走在传统的老路上，外面的世界线上数字化的声音已经此起彼伏，却充耳不闻，倒下的又何止是"我的同学"？

我常常这样警醒自己。

创业者身处变革的漩涡中，突然有一天，我能够很深刻地理解

"我消灭你，但与你无关"，我们不需要做错什么，只要不能适应消费者新的需求变化，就会被那些不断蜕变的新物种无情地抛在身后。有时候，打败我们的不一定是同行，也可能是路人甲。

在德国，有一句名言：**"在科技面前，谁也无法高高在上，历史将淘汰一切落后的生产力。"**

O2O兵临城下——被动迎战

2014年的冬天，我路过杭州武林路震惊地发现，这条非常有名的时尚一条街竟挂了很多转让的牌子。以前街上熙熙攘攘，此时却是冷冷清清，如当下的季节一般萧瑟，不由使我深思：科技正在改变一切，传统商业将何去何从，美业作为传统服务业出路在哪里？

我内心对这股科技力量的忐忑不安，源于2013年移动互联网的兴起。当感知到社会正在发生翻天覆地的变化，科技进化给传统行业带来的威胁，仿佛一把时时刻刻悬在头顶的达摩克利斯之剑，不知道何时就会落下。

那天，我独自漫步在武林路上，却根本没想到危机已迫在眉睫，就在短短的几个月后。

2015年的春天，我去上海参加行业论坛，我是其中的一名演讲嘉宾，路上接到人资部的电话："祝总，今天几家门店都有美业O2O公司上门挖角，她们躺在美容床上，直接向美容师开出各种各样诱人的条件，恨不得服务结束就把人带走。"

2015年年初，O2O大战打响。这一年，美团CEO王兴给员工的一封邮件中写道："2015年会是O2O真真正正大决战的一年。"这一年，滴滴获得新一轮20亿美元的融资；这一年饿了么宣布获得3.5亿E轮融资。O2O大火烧熊熊燃烧，无数创业者为之兴奋，都以为找到互联网创业的新入口。

O2O波及众多行业，美业逃无可逃，就这样大军兵临城下，众多传统门店被团团围困。

在此时的杭州，各类美容健康中医按摩类的O2O平台型企业就有100多家。行业内几家打着"颠覆美业，解放手工艺人"旗帜的企业迅速崛起，随着O2O大战如火如荼地展开，抢夺美容师的战争已经陷入白热化阶段，而他们的首要目标便是在当地拥有众多优秀美容师和技师的企业，静博士在劫难逃。

静博士在杭州市中心的一家门店，在这一阶段几乎流失了全部的优秀美容师。紧接着，点单客户便开始以各种名义退款，到平台上去约那些自己熟悉的美容师……（时隔半年以后，这些客户又慢慢回来了，这是后话了。）

静元堂脊柱健康馆，有一个月在15日发完工资后，就走了几位技师。到了第二个月中旬，在发工资前，主管已经高度紧张，做了应对措施，但是到了16日，仍然有几名点单率很高的技师去了O2O平台。

在这些O2O企业经营者的眼里，像静博士这样的传统线下门店就是要被颠覆的对象；而员工谁不向往自由上班，创业当老板；顾客也被"不出门就可以变美"的美好画面吸引，一时间，O2O美容上门服务大热。

为此，静博士迅速做出反应，抽调优秀技师成立小喜鹊上门服务团队，研发"喜鹊来了"上门服务App，由到店和上门服务两部分功能组成。这正是静博士被动接受挑战，尝试向互联网转型迈出的第一步。个中辛苦，只有经历过才知道。

"你是工程师，你愿意到一家传统的健康美容企业上班吗？"当时静博士招不到一位IT人才。我最后决定"借壳生蛋"，和软件公司合作开发App，并以他们的名义招聘技术人员，在软件公司培养，但由静博士支付薪酬和管理运营成本。直到小团队招满10个人，他们才举家归队，回到静博士的怀抱。

O2O大战仅6个月后，我们就发现上门服务其实并非顾客刚需，美容院服务的精细和舒适享受的专业设施，难以在顾客家中实现；员工一两个小时花在路上，热天一身汗，冬天一身冰，那种滋味员工和顾客都不好受；上门服务看上去便捷，但并不能为顾客提供与在美容院同样的高品质享受。

我当时和团队说："场景不符，美业O2O长不了，技术团队得转向。"

与此同时，一份O2O"死亡"名单已经流传开来，成了社会的热点。投资圈对美业O2O的态度从狂热追捧到逐渐冷静，高达九成的项目还不到A轮就胎死腹中了。美业绝大多数的O2O企业集体阵亡，一场喧闹的O2O狂欢在猝不及防中华丽开启，又匆匆落幕。这期间多少老板从此告别商界，其中也包括很多投资商。

用当时一位知名媒体人的话说："O2O创业者用其强大的'伪推理'能力来打动自己和投资人，O2O烧钱大战是一场乌合之众的乐观与狂欢。"恰如沃伦·巴菲特所言，当大潮退去，才知道谁在裸泳。

当美业O2O大潮退去的时候，我并没有放弃这支IT小分队，而是庆幸在危难之际组建了团队，全面转型研发SAAS客户管理软件，取名为"喜鹊喜报"，此时，静博士才算是真正迈出了IT信息化管理的第一步。

经过近两年的培育后，终于成功组建了一支具有一定战斗力的研发团队。

值得庆幸的是，2020年疫情下，静博士能够率先复工复产，走出困境，很大程度上得益于在互联网大数据和智能化运营上的持续投入。"喜鹊喜报"整套的客户管理、员工管理、财务体系管理的IT数字化工具体系，能有效支撑运营管理在线，推动业务前行。

从面子到里子到数字——主动转型

夏日的傍晚，下了一场雨，我们在门口院子里吃晚餐，先生喜欢喝点小酒，我突然没头没脑地说："不是我不明白，是世界变化太快。"他有一搭没一搭地回答："是啊，一切正在转化为数据。"也许就像远方的云朵，我看到了图形和色彩，他看到了数字和算法。

其实一个曾经以码字谋生的人，很难用数据去思考。当数据转化成商业，改变我们的生活，接受起来好像得心应手，出行用App，吃饭在线点单，共享单车，上网购物，我们生活在数字时代，是数字时代的消费者；但创业者是否能够成为数据时代的创造者和推动者，很有难度。

好在我先生楼剑锋一直坚定地认为企业要向数字化转型，这对我影响很大。

而2016年的那个夏夜，马云先生的指导给了我们很大的启发，也推动了我们数字化转型的决心。

那晚，夏夜凉风习习，马总在他的单位接待了我们一家三口，这是一次企业经营的讨教会，也是一次铁杆粉丝的见面会。喝茶、畅谈、取经，长达两个多小时，马云对中国美容和健康产业发展的坦率见解，让我们受益匪浅，也为我们后来在企业互联网上的布局提供了极具价值的参考。

那晚，马总刚刚从俄罗斯飞回国，脸上还有些许疲惫，但聊着聊着，脸上变得神采奕奕，在一张树根做成的茶桌边上，他一边喝茶，一边和我们聊天："10年前，街头巷尾到处可以看到杂货店、食品店、电器店、服装店；后来，来了苏宁、国美、银泰，死了一大批；再后来，来了淘宝、天猫，又死掉一大批；现在，有几个人是开店成功的？一个行业的洗牌，也就四五年时间，美容行业也不会例外。"

当我谈到静博士提出的"专业主义+互联网行动"，我们认为服务业尤其是美业，是深度接触的行业，专业主义精神还是很重要的，但要嫁接互联网，当"爱的手艺人+喜鹊喜报"，企业就会有不一样的能量，马云总深表赞同："你们这个行业就是'+互联网'，静博士在行业里已经有领先思维了，要马上落地去做，这个时代是不能等待的。"

马总说："作为健康美容行业，你要的是客户，而不是游客。因为你可以去了解客户的时间、去向、喜好、需求，了解以后就有好多事情可以做。而游客有着太多的不确定性，往往也缺乏深层的需求。你们这个行业的互联网思维，不仅要通过IT技术和传统服务手段深度黏合客户，还要利用大数据为顾客拟定健康美丽方案，线上线下为客户服务，增加客户体验感！"

确实，**互联网推动美容行业变革，整个产业将随之改变**，信息越来越透明，销售渠道、商业模式、营销方式以及客户管理模式都要变……

"这个行业一定会面临大面积的洗牌，信息化程度低的企业都将面临这一挑战。你要问自己，10年以内静博士还活着吗？是前100家，还是前10家？这需要跟团队去沟通，达成共识，然后共同努力。活下来是硬道理，不管用什么方法，先活下来，再壮大自己。"马云又说，"一个企业不要先考虑做大，应该先考虑做好；把自己做好了，必然会做强；做强了就会吸引同道中人一起来做大。想要做好自己，需在自己企业内部做一个强大的平台，不然组织跟不上，管理跟不上，文化也会跟不上……那么，如何应对外部世界的竞争呢？又如何面对未来的竞争？未来企业的作战，一定是航母体系，在自己企业内部做一个平台，做强做大后，自然会有人加入，然后形成合力。"

他最后问了我们两个问题："第一，你们有深度黏客的IT系统吗？用大数据智能化服务顾客，为他们量身定做健康美容方案。第二，你们有没有建立大数据平台？先做企业内部平台，未来可以链接行业。"

那一晚，醍醐灌顶。

这两个问题，我一直在脑海中思考，并因此做长期布局，提出了三大转型。静博士从传统美业向大健康产业转型；从技能服务向人文关怀转型；从面子工程向里子工程转型再向数字工程转型；决心把整个业务流程重新设计，线上线下结合，利用智能化和大数据技术，对客户运营进行全面改造，提升运营效率和客户体验感。

从这几颗互联网小种子在体外孵化到组建团队，到现在拥有60多个技术骨干的工程师队伍，聘请著名大学信息技术专业的教授成为首席科学家，拥有了一批具有硕士以上学历的高端人才。经过数年的努力，静博士旗下的这家信息公司成了国家高新科技公司。而被赋能的一线门店，在悄悄地发生变化：客户预约服务小程序，结账扫一扫；员工学习打卡在"喜鹊喜报"，线下服务线上闭环，结束要做客户画像；店长是打开手机做管理；中台数据分析后推出精准营销方案。

我们还于2019年成立了浙江爱我（AIWO）科技有限公司，面向行业做更长远的布局，致力于利用大数据和人工智能，建设美业健康管理平台，正式开启了智慧美业之路。我们的团队走进了剑桥大学、复旦及浙大EMBA、阿里云栖大会，还和阿里云、支付宝团队不断探讨，为建立"智慧美业"努力耕耘。

也许正如村上春树说过的一句话，"不必太纠结于当下，也不必太忧虑未来，当你经历过一些事情的时候，眼前的风景已经和以前大不一样了"。

认准方向，跑步跟上，有错及时回头，也许跑着跑着，路就在脚下了。

抓企业文化是创业者毕生要做的事

员工是"珠"，文化是线——传承是关键

如果说让企业活下去是创业者最基本的担当，不断迎变进化又是创业者的核心能力，那么还有一件大事，是创业者毕生都要做的，就是用心中的一口"真气"，去护着企业文化这棵"生命之树"。

可口可乐前董事长罗伯特·伍德鲁夫有一句名言："假如我的工厂被大火毁灭，假如遭遇到世界金融风暴，但只要可口可乐的品牌还在，第二天我又将重新站起来。"所有人都关注到可口可乐的品牌，其实在他的话后面还有一句"我的核心团队还在"。往深处解读，**品牌中蕴含了企业精神，核心团队中携带着企业文化，这些东西正是企业的核心财富，是可以传承和发扬的。**

丘吉尔曾说："人们塑造了组织，而组织成型以后就换为组织塑造了我们。"这就是用文化和制度去塑造组织需要的人。

　　品牌中蕴含了企业精神，核心团队中携带着企业文化，这些东西正是企业的核心财富，是可以传承和发扬的。

　　在做记者的时候，我去过很多企业，看到很多企业的大厅和饭堂贴着标语，以为那就是企业文化；直到自己创业，并在经营中碰到巨大的困难后，开始深刻理解企业文化是在企业长期经营的过程，以创始人的思想为核心，慢慢形成的价值理念、行为规范，包括愿景、使命、价值观。企业文化贴在墙上是没用的，员工和客户不会看你怎么说，而是看你怎么做。

　　我认为一家企业是否真正形成文化，主要看两点：**一是企业文化的提炼要和业务紧密结合，体现在企业管理的制度和流程中。二是核心团队一贯传承，在员工的日常言行中看到一家企业的信仰。**

　　这都是极难的事情，是创业者要用一辈子去坚守和推动的事情。

　　有一年，我去日本丰田汽车公司学习，有两个场景至今令我记忆深刻。

　　午餐时间，员工要穿过厂区的多条马路去食堂用餐。我们看见马路边站着一个"神经病"，他先是用右手指了下右边，用左手指了下左边，然后向前方再一指，整个过程中嘴巴还一直都在喃喃自语，然后开始过马路了。接着又来了一群"神经病"，也是嘴巴里喃喃自语，整齐划一地指完右边指左边，指完左边指前边，指完前边再开始过马路。我们心头的疑惑在厂区的墙上找到了答案，就是四个字——**指差呼称**。

这个拗口的词匹配手语动作，是为了过马路时左右看看再往前走，防止意外发生；在整个生产流程中都存在"**指差呼称**"，他们把安全文化刻到员工骨子里，做到流程里，建到制度里。

第二个场景是我们去参观汽车生产线，行走在生产线上的空中走道，看到了一个非常特别的现象。一名工人突然停下安装动作，拉动一根绳子，就有黄灯亮起，整条生产线就停了下来。这时立刻就有一个小组长走来，和拉绳的工人交谈，过了一会应该是解决了问题，绿灯亮起，生产线又开始照常运转。这一根特别的拉绳，被称为"安东"绳。在丰田的生产线上，任何一名工人只要发现异常，就可以拉动"安东"绳，停止生产，防止次品流入下一道工序。丰田把拉绳停产的权力给了一线的安装工人。

丰田汽车的社长丰田章男提出"对顾客负责，顾客是上帝；下一道工序是上一道工序的用户。在每道工序里来创造质量，一切为用户服务"。而这样的经营理念落地在生产一线。在丰田，我们看到了企业文化的力量。

我们还在一些成功的企业身上，看到文化对组织的巨大推动力。

阿里巴巴提出"客户第一，员工第二，股东第三"，将文化细分为"上三斧"和"下三斧"，上三斧是愿景、使命、价值观，下三斧是组织、人才、KPI；字节跳动则提出"追求极致，务实敢为，开放谦逊，坦诚清晰，始终创业"；华为提出"以客户为中心，以奋斗者为本，长期坚持艰苦奋斗"。这几年企业界热衷学习华为，静博士团队走进课堂听华为的高管讲课，也聘请华为退休的高管给团队当老师，我们发现几位华为高管的语言体系和思维路径很相似，在他们身上看到了华为文化深深的烙印。

好的文化，需要积累，好比一个人内在的文化修养也需要一点一滴地积累，直到有一天"根植于内心，无须提醒，以约束为前提的自由，为他人着想的善良"，在你为人处事，在你一言一行中缓缓流淌。

好的文化，更需要传承和发扬，而核心团队是关键。

好比一个家庭的文化，不是一蹴而就的，是一代一代人慢慢积累并锻造而成的，家长去传承，然后从子孙身上看到家庭文化的熏陶。

我曾经在医院重症病房工作，后夜班到了早上8点要交接，该下班的时候，没干完要继续把事情做完才能离开。有时候到十一二点还走不了，不管昨晚抢救病人筋疲力尽，还是家里有事等下夜班去处理，自己必须得干完，因为老护士是这么做的，新来的护士就接受了现实，于是一代一代传承。七八十岁的教授主任早上7点查房，年轻的医生就不会8点钟才到；我看到医生歇下来就看书、学习、读文献，护士就练习铺床、背"三查七对"，那时候年轻的我就觉得人生就该时刻学习，追求进步，因为他们影响着我。

在企业何尝不是一个道理，**我认为打造好的企业文化，是一大群人被一小部分人影响的过程，最后在普通员工身上都能看到文化的影子。企业里的员工来自五湖四海，本是散落的珍珠，文化就是那根柔软又坚韧的细线，将珍珠串起来成为一个组织；文化也是那最重要的黏合剂。**

一位刚到静博士3个月的干部说："看到领导这么拼，我都不好意思懒惰"；一位在企十几年的老同志说："我本小资，没想到成为一名创业者"；一位离开两年回来的干部说："在这里觉得踏实"。一个拼搏的领导下面不可能是一支绵软的团队，一个诚信的领导下面不可能有一群弄虚欺瞒的员工。创业者身边核心干部是关键，文化不是靠一个人去传播的，是一群人共同约定的价值取向，并身体力行地去坚守和传承。

当文化成为阳光，成为空气，回绕在大家的身边，就成了一种行为习惯，其他的文化很难融入。静博士曾经聘请过一位高管，他提出各家自扫门前雪，把自己的工作做好，其他事情他来管，而这和静博士提倡的"合作共赢"大相径庭，于是企业内部出现了很多的问题。

企业文化就是那么神奇的存在，创业者不去呵护它，那要呵护什么？

从"家文化"到客户文化——虚则实之

企业阶段不同，文化也就不同。当企业的战略方向改变，业务模式改变，组织架构、激励机制、奖惩方法都要变，而企业文化要一起"长大"，才会有更好的结果。

静博士的企业文化经历了三个过程：**初创阶段，"家文化"**，创始人是家长，员工是家庭成员；**第二阶段，"员工幸福文化"**，把员工放在顾客之前，希望员工得到社会尊重；**第三阶段，"客户满意文化"**，新冠疫情后重新梳理文化，把客户放在首位，员工幸福文化仍旧延续，但放在客户的后面，把引领行业发展首次放在愿景里面。

企业在"初创期"，团队人数不多。此阶段，一两个人的领导力还可以带动小团队前行，主要靠情感链接，本质上就是**"家文化"**，将企业比拟成大家庭，把公司当家，大伙儿称老板为"家长"。

有一次我和天津的行业同仁一起聊天，他说："我们企业的问题，没有在酒桌上解决不了的，喝完该哭就哭，该笑就笑，第二天麻利上班去。"中国美业以女性老板居多，偏感性，基本以情感维系员工。我的一位朋友每次出国带两大箱礼物回来，说是要送给同事的，她说："这些娃得哄着。"这些都是洋溢着浓浓"家文化"的企业。

2009年前，静博士处在初创期，拥有十几家店、近200名员工，我们也没有远大的梦想，就想多开店，多赢利，让静博士成为杭州最大的美容连锁机构。很多时候我都会亲力亲为，梳理业务，处理投诉，给员工上课、谈心、郊游、吃饭，还和员工一起参加军训，几小时走路也不吭一声，小伙伴们喊我为"大家长"。

说心里话当"大家长"，背负太多，很累。很多人干活做事，眼光看老板，希望得到关注和认可；如果没有及时回应，就会失落，好比孩子眼巴巴地看着家长希望得到表扬，给朵小红花；有的甚至会抱怨直至怨恨，认为家长不公平。

我认为家文化的企业中一定是有"不公平"存在，因为企业主不是真正的家长，家长看孩子"手心手背都是肉"，但老板最终看的是价值创造。

"家文化"还有一个很大的弊端，因为毕竟不是家，没有血缘关系，链接并不牢固。一位同行每次过年过节或者出国，都会带礼物给店长，对员工在细节上也蛮关怀，但有一次她生病去北京治疗，住院3个月后回来，干部走了一半，她大哭一场，从此思考打造职业化团队。

随着企业慢慢长大，团队成员越来越多，我越来越发现领导个人的力量远远不够，需要更多的人来一起带动，需要明确的目标和愿景，需要制度规范和管控，以往的管理模式已不适用了。我深刻体悟到，家文化主导的企业更像是情感维系的"团伙"，而非现代制度约定的"团队"。我就像给自己挖了一个坑，而随着企业越来越大，掉在这个坑里无法自拔。

直到2009年，企业出现危机，我们如临深渊、如履薄冰，一方面痛定思痛，从根上梳理，企业要有使命、愿景、价值观，一个组织必须有共同的理想为号召，让每一个同行者不仅是利益的共享者，更是事业的共同体，静博士必须组织化运作；另一方面，静博士的员工如何赢得社会各界的尊重，这也是我认真思考的问题。

而当时，员工大量流失，让我深刻感悟到留住员工的重要性。2010年后，企业有了很大的突破，业务方向渐渐清晰，个体逐渐向组织转化，文化也发生了巨大的变化。静博士首次确定了自己的愿景、使命、价值观，归结成**"一颗长寿心，百年静博士，三大精气神，六味养心丸"**，明确提出静博士要做一家**让员工幸福、受社会尊重**的百年企业。

我把这一阶段的文化定位为"员工幸福文化"。

定位"让员工幸福"，就必须站在员工的角度去思考"为什么到企业来，图的啥"，理解员工的物质需求和心理需求，在管理制度和企业文化上要相匹配。我们陆续推出了员工的"六大幸福工程"：水蜜桃师带徒工程、梦想工程、红娘工程、长辈养老金工程、快乐工程等，以及后面增加的"学士帽工程"，都是为了让基层员工能在企业感受到爱和温暖。

我们把优秀员工的事迹写成了故事，形成榜样的力量；每年评选年度"工匠大奖"，以鼓励手工艺人；每一个新员工下店都会有水蜜桃师带徒仪式，新人在门店拜一位老员工为师傅，手捧水蜜桃，师傅坐在前面，徒弟单膝下跪，其他小伙伴站成两排，为她们见证，签订师徒协议。其中被杭州各大媒体报道的"长辈养老金计划",员工到静博士工作一年,他的父母就可以每月收到公司给他们的养老金,根据员工的工作年限递增,一年100元,三年300元。

在这个阶段,我们提出要做"爱的手工艺人",用专业技能和静心关怀,赢得顾客的尊重。

在2014年,静博士被评为"浙江十大幸福型企业";2018年,被中国职业经理人协会评为"最佳雇主企业奖"。静博士获过很多奖,但荣获这两个奖项,我很高兴。

2020年疫情期间,静博士重大组织变革后,再次梳理企业文化,**我把这个阶段的文化定位为客户满意文化,从上到下转向"以客户为圆点"**,从战略到执行再到考核都转向客户维度。而员工幸福文化一直延伸至此,但放到了第二位。我认为只有客户满意,企业才能活着;一家客户满意的企业,员工的幸福度一般不会太差,把"顾客差评就是耻辱"刻在员工脑子里,进行反复教育。

"一颗长寿心,百年静博士"这句口号也做了调整:静博士要做一家客户满意、员工幸福、引领行业发展的百年企业;重新确定了企业的愿景、使命、价值观,从中可以看到我们对客户、员工、同行的承诺,乃至对自己的要求;首次把引领行业发展提到了愿景的高度,督促企业在数字化时代迎变创新,做好自己,引领行业。"三大精气神"和"六位养心丸",主要定位在核心价值观,从对客户、对团队、对自己三个维度出发:以客户为圆点——诚信服务,静心关怀;

团结就是力量——合作共赢，拼搏创新；永远对自己高要求——勇于担当，不断精进。

从这一刻起，静博士人有了更大的梦想和追求。

我一直认为，企业文化是活的，是有生命力的，是企业的一棵生命之树，慢慢地随着企业的成长一起长大，最后滋养企业健康成长。所以，不管自己业务有多忙，压力有多大，都会抽时间种苗、浇水、施肥、散枝、除草。

我对企业文化的反省，往往是在顾客投诉、员工离职、管理失误、业务徘徊的时候，而不是顺风顺水的时候。文化是因，经营是果，当企业经营良好，员工幸福，客户满意，那一定是文化的滋养，反之亦然。

企业文化看似是虚的，但必须实做，即"虚则实之"。

"和农民工谈价值观"——时刻传播

有道是道不同，不相为谋。找对象，要找三观一致的人；找合伙人，要找价值观一致的人；招员工，要考察其与企业价值观的契合度。

一个人的价值观决定了他的价值取向，也决定了这个人的思维和行为方式。而一家企业的创始人或者核心团队的价值观，往往决定一群人的价值取向和思维行为方式。价值观将决定企业在很多事情上的决策：选择什么样的战略方针，和谁合作，什么样的管理方式，怎样的绩效考核标准，是以客户为导向还是以业绩为导向，弘扬拼搏创新还是贪图安逸。一家企业，在规章制度里规定什么能做、什么不能做，永远是有限的。**当员工面临复杂的商业环境，价值观就是很重要的判断依据。价值观的认同是最大的信任。**

企业内部，价值观契合非常重要，人力资源部还能把控，但面对上游或者相关合作方，怎么办？不同的经营主体，不同的老板，不同经营理念，要有共同的"道"，那太难了，但有时候"外因影响内因"，这种影响还可能有很大的杀伤力，甚至无法挽回。

所以，选择和谁同行很重要，有时候还需要时间来证明，因为不一定看得准。

后来，我想明白一个道理：你不认识别人，让别人先认识你，也许同一类人会来找你。于是，我先站出来，告诉别人"我是谁，我想要和什么样的人和企业同行"，为此，我不仅在大会小会上和员工讲价值观，在各种场合和客户讲价值观，还到行业的各个论坛上向同行讲企业的经营理念。静博士美业学堂在行业的影响力也比较大，由此很好地传播了我们的思想。

但我实在没有料到，有一天自己会和一群农民工兄弟谈价值观。

我一直记得那个夜晚，一个混合着烟草味和杂味，充满着剑拔弩张气息的晚上。

那是在2016年冬季，我从外地出差回到新的办公大楼，在路上我已经知道，承接大楼装修的老板正带着工人们在公司闹事。不曾想到了晚上9点，这些人还坐在三楼大声喧哗。

大部分办公大楼的工程款项按合同根据进程支付了，此时已经进入最后的审计阶段。审计完成当然就可以全额付款，但第一次审计报告出来后，和老板最后的报价相距甚远。

这位老板天天在公司磨，和工程经理磨，和软装老师磨，于是我们决定请审计公司出具报告，最后来判断处理此事。

公司负责工程复核审计的干部，是追随企业10多年的第一批员工中的一员（八大创业元老之一）、目前的财务部副部长，这么多年来大家都叫他小陆。小陆就是那种责任心很强、很严谨的人。有一天下班，装修公司的老板在办公大楼外面一直等着他，追着他走到路边，硬塞给他10万元钱，小陆怎么都不肯收。

这位老板见在我们这里无计可施了，只能出了下下策——带工人来闹事。

塞钱被拒的第二天，老板拉了一车的工人前来闹事，理由是"甲方不给钱，乙方就付不起工人的工资，所以你们就直接去问甲方的老板要钱吧"。大概在装修行业，所有的甲方单位最忌讳的就是工人闹事，无论是工人说发不出工资还是不履行合同，这类不良的消息很容易造成负面影响。

这些的工人显然是被教唆过的，一看到我出现在电梯口，就有人轻轻喊了一声："老板来了！"工人们一下子全冲了过来，把我团团围住，你一句我一句地申讨。

那是晚上9点多，在办公大楼外夜幕已经降临了，而在三楼休息区的静吧，瞬间充满了男性斗争的气息。我脱下大衣，拉过椅子，坐下来和他们谈，向他们讲述静博士的价值观。

事后想想，这是一个多么有意思的夜晚，我曾经在很多场合给各种不同的人讲故事，但真的没有想到会在这样的夜晚，给我一点都不了解不熟悉的木工、油漆工师傅讲故事，而且多次被他们粗暴地打断。

我拿出了自己全部的说服力，讲了我们的价值判断、为人处事，讲员工违背价值观的处罚案例，也讲了静博士10多年来坚守价值观的很多正向故事。我告诉工人们说："我们按照合同付了70%的款项，另外30%的钱款按合同需要审计结束付清。而你们老板昨晚拿了10万元，要塞给我们负责审计的干部。你们觉得，他是真的付不起你们的工资，还是你们被他当枪使了？"

我转过头，问一位胖胖的年轻老板："你可以拿10万元贿赂我们的干部，为什么不可以拿这10万元给工人发工资呢？"

我又接着说："我完全理解大家的心情，工人们的钱都是辛苦赚来的，是应该给的，也是一定要给的。但这不是由我们直接给，而是要乙方给你们。静博士10多年来，从不拖欠员工工资，更不会故意克扣供应商的款项，我们是一家有底线的公司，所以想跟静博士长期合作，就必须讲诚信！你的装修水平其实不差，静博士也要开很多店，你本可以长长久久和我们合作下去，但是你这样的行为违背了我们的价值观，也违背了做人做事的准则。"

等我讲完以后，全场鸦雀无声，装修公司的老板也一声不吭，最后有一位师傅站起来说："这么晚了，冻都冻死了，回家去洗个热水澡。"

就这样，一群人慢慢地散去，消失在夜幕中，静博士大楼又重新安静了下来。

我在静吧坐了许久，思虑万千。

其实，创业十几年走来，静博士是摔过跟头的，折过兵也损过将，有的干部追随企业很多年，但是最后在利益面前沦陷，从别人给到最后索要（如果这次小陆抵挡不了诱惑，不仅是企业在财务上的损失，也失去了一员优秀的骨干）；有的在企业内当领导，自己悄悄在外开店，把客户和员工拉到自己的店里；有的店长弄虚作假，贪污钱款；有的拿了广告公司的回佣，然后打辞职报告。血淋淋的教训，让我们深深地明白价值观教育的重要性，也是抵挡人性贪婪的第一关，这不仅是对企业负责，更是对员工和合作伙伴负责。

那次事件以后，我们和装修公司、电器供应商、布料商等都签署了"诚信公约"。

02

创业者和自己的关系：
找到自己，活出精彩

　　人在遇到困难的时候，心里或多或少总会渴望有一根"救命稻草"，或者期盼"佛祖保佑"。创业者在一次次磨砺中，会激发性格中自信、自立、自强的一面，寻获愿意付诸一生的事业，并不断挑战自我，创造价值，勇于承担责任，不断地"照镜子，修自己"，找到努力工作的意义。

自己是一切关系的起点

找到心中的"阿弥陀佛"
身体是创业者的命运
担当是一种内心确认

创业者在关系中修行

核心关系要幸福
照镜子，修自己
在关系中坚守不变的原则

在爱中升华自身的价值

找到努力工作的意义
活出自由度，进得去出得来
创造价值，对别人要有帮助

自己是一切关系的起点

找到心中的"阿弥陀佛"

有一年的大年初一，我去杭州的上天竺禅寺上香祈福，偶然间听到一个甜甜糯糯的稚嫩童音在发问："爸爸，为什么所有的人都要拜'阿弥陀佛'呢？"

一位父亲笑看着身穿红色小棉袄的女孩，回答道："因为'阿弥陀佛'能保佑大家啊，能帮助我们呀！"

小女孩睁着一双迷惑的大眼睛，指着神龛上的佛像问："那谁是'阿弥陀佛'呢，是它吗？"

周边的人都笑了，爸爸哈哈一笑说："是，也不完全是，等你长大了自己去找啊！"

这对父女的对话，让我的记忆久久定格在了那一天的场景中：挂满红色祈福条的上天竺，香烟袅袅，信客众多，隐隐有蜡梅的香味，还有孩子可爱的身影……我仿佛从她身上看到了那个一路走来的自己。

也许每一个人都会去寻找能够帮助自己的人，特别是在感到艰难、恐惧之时，都想拜一拜"阿弥陀佛"，尤其是一名创业者，跌跌撞撞地走来，遇到的困难不计其数，在难以坚持的绝境中，心里或多或少总会渴望有一根"救命稻草"，或者期盼"佛祖保佑"。

但是，谁才是我们心中的"阿弥陀佛"呢？只有经历了，才会知道答案。

于我而言，自身的三次经历让我刻骨铭心。

我出生在杭州郊区的农村，毗邻京杭大运河。当时，村里的大孩子常常欺负体弱的孩子，小时候的我和妹妹就是被欺负的对象，身上经常青一块紫一块。直到有一天午后，发生的一件事彻底改变了我们的境况。

那是番薯成熟的季节，我们姐妹俩跟小伙伴们一起外出割草。我妹妹晓晴无意间得罪了"孩子王"，那是一个又高又壮，年龄比我大一点的女孩，她抡起拳头一下就把晓晴打倒在地。我冲上去和她扭打在一起，但她强我弱，于是两人你追我赶地一路打到运河边。我突然灵机一动，一边退一边跑到运河桥上，对她喊："有种你上来啊！"

桥下河流湍急，两个孩子在高高的桥上打架，其他的孩子们则围观呐喊。有一位大人走过时劝说："你们疯了吗？掉下去就没命了！"在这样特殊的场景下，"孩子王"好像胆怯了，而我却有如神助一般激发了身上的力量。几十个回合较量下来，打架从未赢过的我见机翻身骑在了她身上，抓住对方的衣领，厉声问："下次还欺负人不？快说，不然我就把你扔到河里去！"

这是印象中我第一次打架胜出，虽然衣服破了，脸上都是伤，头发也被抓得凌乱，但是我的内心却在狂喜，我居然赢了！

在这一刻，我第一次遇见了未曾相识的自己，也许这正是心理学家所说的自我意识的唤醒。这件事让我的内心不再恐惧，这是一种自我认知、自我肯定。

弗洛伊德曾经讲过，人有本我、自我和超我。我相信，在那个下午，我遇见了"本我"，就是性格中的本能，具有野性的一面。我也从中悟出：如果一个人从未赢过，就会一辈子怕，也许一辈子忍气吞声；有时候，打赢的关键未必是体力，而在于意志力。

自我意识的唤醒，就是唤醒一个睡着的自己。有时候就是需要在这样特殊的场景下，才能把潜藏在身体里的另一个自己唤醒，并由此**找到自信**，遇见那个完全不同的自己。

这样的自我觉醒在孩提时代，对一个孩子的自信心及未来的成长无比重要。

第二次经历是在医院的重症病房。

19岁那一年，我刚从卫校毕业，在医院重症病房上后夜班。凌晨4点半，正是最感疲惫的时候，想趴在桌上休息一会儿。这个时候，却好像有个声音在提醒着我：去走一圈，去巡房吧。

整个病房昏暗幽静，我轻轻地走过一间间病房，推开4号病房，两位已经在恢复期的病号都已沉沉睡去。我举步走进房间时，突然感觉脚上黏黏的，心一下子就提到了嗓子眼。我迅速打开灯，发现病房里竟血流满地。

原来，病人的小动脉破了，血液正随着心脏的跳动一下又一下喷射出来。血流得越多，病人就"睡"得越沉，我连连呼喊了好几声都没能让病人醒来，会不会是"出血性休克"？我一下子手上都是冷汗。

我立马去找值班的缪医生，可他正在急诊室抢救病人。此时此刻，整个病房只有我和一名年迈的护工。怎么办？请其他病房的医生来会诊已经来不及了，必须马上为病人止血，不然后果不堪设想。

我虽在卫校学过无菌缝合，但在临床上，这都是医生的活儿，我只在旁看过，却未曾实际操作过。在"叫天天不灵，叫地地不应"的危急关头，我叫醒了护工，请她在旁边帮忙，先给病人输上液，然后打开了缝扎包。我用颤抖的双手戴上无菌手套，慢慢镇静下来，在鲜血四溢中寻找出血点，开始缝扎……那一晚，缝扎、清理、输液、保暖，当一系列工作做完，我已全身湿透。赶回来的医生说："小祝，你很棒，救了这个病人一命啊！"这位病人出院的时候，送了我一双红色塑料拖鞋。

这段经历，我至今不忘。

也许，就在那天晚上，在特殊的情况下，人的潜能和担当被激发，使我找到了**内心的力量，**在潜意识中有一个声音不断地对我说："加油，你行的！"这种力量也许它早已存在，只是因为我们面对未知总是心存恐惧，畏首畏尾，人性没有得到释放。

有人说：人生的悲哀就是一辈子活在恐惧中。一个人一旦克服恐惧，才能甩开手脚往前走。

第三次经历则是在2009年我创业生涯的至暗时刻。

那时，我处于很严重的焦虑状态，身心接近崩溃，于是请了一位当时我认为非常牛的CEO，给他买了奥迪车，送他公司的股份，但没想到由于严重的文化冲突引起了员工的抵触，形势愈演愈烈，本已苟延残喘的企业一下就濒临倒闭，不得不赶紧踩刹车……

当时，我和这位职业经理人在办公室谈完话，一个人坐在屋内手脚发软，全身无力，潸然泪下。没想到，一位干部刚巧推门进来，一看到我的状态，又赶紧悄悄地退到门外。不一会儿，我的手机发出了"嘟"的一声，竟收到一条这位伙伴发来的信息："祝总，还有我们呢！"

在我找不到"救命稻草"，又没有"佛祖保佑"的情况下，这条信息一下子点醒了我，给了我巨大的能量，让我一下子就收干了眼泪。

我问自己："我还有退路吗？还能往哪里躲？"答案是显而易见的，逃无可逃，躲无可躲，只能自己振作起来，带着团队重新开始。在伙伴们的协助下，我硬是扛过了这一难熬的阶段，算是"山穷水尽疑无路，柳暗花明又一村"。

之后，每一次听刘欢的《从头再来》，我都有很强的共鸣，"看成败人生豪迈，只不过是从头再来"。

也许正是这一次的经历，让我深刻体会到团队的重要性，没有完美的个人，只有完美的团队。我理解了"一个人走得快，一群人走得远"，更能感受那种和身边伙伴确认眼神后的幸福，不亚于爱情带给人的甜蜜。

后来，我和同行们分享：**"创业就像打牌一样，不要老是期望抓到'大鬼'和'炸弹'，能把一副乱七八糟的'小牌'打成'同花顺'，才是关键。"**

人生本来就是经历的总和，每一段经历都是为了找到那个即将喷涌而出的自己，而每一段经历都有特殊意义，进而逐渐影响并改变人的一生。在这个过程中，我们将从中慢慢摸索到"我是谁，从哪里来，最终走向哪里"。每个人都想要活出真实的自己，首先是找到那个小小的"我"，面对她，爱上她，鼓励她，让那个小小的"我"慢慢长大，最后成为那个自信、自立、自强的最好自己。

正如史蒂夫·乔布斯那一段非常著名的演讲："你必须相信，那些点点滴滴，会在你未来的生命里以某种方式串联起来。你必须相信一些东西——你的勇气、宿命、生活、因缘，随便什么——因为相信这些点滴能够一路连接，会给你带来循从本觉的自信，它使你远离平凡，变得与众不同。"

直到有一天，我们不再被现实打败，不再迷茫，不再逃避，哪怕是犯错，也不回避不放过，给自己重新开始的理由。直到有一天，可以拜托自己含着泪，坚强、独立地走下去，我们才终于站起来了。

我想，这就是每一个人心中的"阿弥陀佛"吧，勇敢且慈悲。**而只有当"我"站起来的时候，才真正和世界发生关系。**

身体是创业者的命运

创业者想要基业长青，最后比拼的是体力和心力。人生就好比个迷宫，心力决定了你是否能走出迷宫，脑子决定路径，而体力则决定了你能坚持走多久。

我的这些认知可能会比许多人深刻，一方面是因为自身是一名创业者，事业碰到瓶颈，也曾意志消沉，身体亮起红灯；另一方面身处美丽健康产业中，遇到过各种各样的顾客，听到过各种相关的故事，这些都给我带来了更多的感受。

有两年，我因为椎间盘突出，腰部疼痛，腿脚发麻，身体无法长时间站立，更无法长久地坐着开会，只好在办公室和会议室里放置了躺椅，以便随时坐下来休息，有时候甚至不得不躺着开会。严重的时候，上台给同行上课前要打封闭针，下来后需要马上按摩，才能缓解疼痛和麻木。这样的身体状态，已经严重影响到我的心理状态，虽然我算是天性很乐观开朗的人，但痛无法忽略，如影相伴。

记得有一次我去北京做微创治疗住院半个月，但症状并没有改善，我是痛着回到杭州的。那一天，两位高管给我电话，让我先回公司，说大家为我准备了鲜花和蛋糕，要好好庆祝一下，他们都以为我是治愈出院了。但我拒绝了。痛，让我提不起一丝喜悦的心情。

在那段时间，我多次思考：如果无法治愈将如何度过后半生，企业又将何去何从，甚至对从事的事业产生动摇。静博士要帮助更多的人"身体健康，容颜靓丽，心灵美好"，如果连自己的身体都无法调理好，心情也不愉悦，又如何能去帮助别人呢？（后用养生保健方法治愈腰痛，并开了国医馆，后面章节有叙述。）

蔡元培先生曾说："殊不知有健全之身体，始有健全之精神；若身体柔弱，则思想精神何由发达，或曰，非困苦其身体，则精神不能自由。"

身体不够健全，精神不能自由，创业者何以面对无法预测的困难和挑战？当健康出现问题时，心力也会变弱，甚至会把困难放大；即使取得成就，幸福感也会大幅度降低。

其实，生理和心理是互为因果、互相影响、互相塑造的，人的体内环境和体外环境也是互相影响的。生理不健康的人，心理健康水平很难维持和发展。而意志坚强、心理健康又能很好地促进生理健康，就如哲学上讲到的"物质决定意识，意识对物质具有反作用"是一个道理。

在自我拯救的过程中，有一位大姐马娅，对我影响很大。她是行业协会的领导，也是一位成功的企业家。她缔造了中国最大的美容博览会，已经举办了56届，是全球展览面积最大、参展人数最多的展会。我们聊得来，其中一个原因是因为我们有着共同的经历：腰椎间盘突出。

她的病情比我还要严重，三节腰椎突出，她告诉我曾经多次痛到倒在地上。有一次为了参加一个无法退却的重要会议，打了24针封闭针后上台讲话。她对我说，一个人要学会和疾病对话，"我经常对腰说，腰啊腰，你服务了我多少年，很辛苦，现在生病了，我们一起来面对，我要对你按摩、保暖、运动，我们一起努力，要和平共处，不能站在对立面……"

这位比我大十几岁的大姐，每天游泳，在六十几岁后还学会了站桩和倒立，而且把方法积极传播给认识的人。她说，身体是革命的本钱，除非是器质性疾病，尽量不用极端的治疗方法，哪里不好，要对自己认错，要好好说话。身体就是小宇宙，宇宙里的小行星按轨道行走，人就健康了。

从长期疼痛到各处求医，再到自我摸索出一套中医保健方法慢慢治愈，这一段较长的治痛过程，让我深刻认知到**"身体是一个人的命运"，没有健全的身心就无力谈创业**。我们看到，很多成功人士都精力极其旺盛，因为事业和健康往往是共生的。

在做记者的时候，我采访过很多企业家，看到很多人在事业成功后，面容憔悴，身心俱疲，由于长期焦虑和劳累，落下了一身毛病。当身体垮了，心理就会发生很大的变化，各种负面情绪都会冒出来，身边的关系就会恶化，人与人之间的负能量就会泛滥，进一步对身体产生负面影响。

记得有一位温州老板，在获知自己得了恶性肿瘤后，情绪崩溃，要求家人把整捆整捆的人民币拿到床前，一张一张点燃，一会儿哭一会儿笑，嘴里念叨着"不值得，不值得……"

我也常常会回味一位养生专家的话："**中国企业的老板，往往是只有八分的气力，却在做十二分的事情。**"

若一个人外在的欲望大于内在的力量，当然会出问题；只有内在的力量大于外在的欲望，才会游刃有余。而创业者精神所在，正是挑战不可知不可为，但如何保持适度的平衡，也是创业者要经常提醒自己的点。

对于一个人来说，世界上唯一且有限的财富，就是健康。其他东西再贵，都没有健康更贵。想要活出生命的精彩，是需要用心经营的，一份付出一份回报。

中国工商联美容化妆品业商会的秘书长许景权对我说："如何活好人生的下半场，就是让自己更健康一点，对别人多付出一点。"

几年前，我在北京体验一台新引进的高科技仪器，据介绍是俄罗斯宇航员上天前检测身体状况的必需设备，可以从细胞层面分析出人的健康状况，乃至人体的衰老过程。

在仪器上躺了20分钟后，专家拿着监测结果对我说："祝女士，你的身体有3个非常明显的细胞记忆点，也正是你的细胞衰老点。"

这一结果让我震惊。仪器显示的第一个细胞记忆点，是我告别医疗系统投身新闻行业的年头；第二个细胞记忆点，是从新闻投向创业的转折点；而第三个细胞记忆点，则是我创业的至暗时刻。

在忙碌的日常中，我几乎没有时间停下来，更没有闲暇去回忆，却没想到人生关键时刻的点滴，早已如树木的年轮般被铭刻在了细胞深处。看着这3个细胞记忆点，就好比翻开了人生的记录卡，看到了不同阶段自己的经历、心力和身体状况。

"身体就是每一个人的命运"，作为一名创业者，我深刻明白：没有好身体，哪来好事业？而身体素质、先天基因、后天保养是"我"的基石，然后才是人生的经历、学历、爱好，以及关键时刻的选择、难得的人生际遇等，最终塑造出了独一无二的"我"。

担当是一种内心确认

有一句话说得很好："一个人是否成熟，看担当。"

一个人能否"立"起来，不看年龄，不看背景——有的人活到老都没能"自立"，一辈子找不到自己，而有的人在还是个孩子时就已经学会了担当。

什么是担当？就是面对责任，能够挑起担子。而对于一个创业者来说，就应当挑起带领企业勇往直前的责任，为员工造就梦想，为顾客带来价值，为社会提供福祉。

在职场浸淫多年，我发现职场中最缺的是担当精神。很多人有好处就往前冲，出问题就往后退，"功劳是我的，问题是别人的"。我曾经在两年多的时间里参与了杭州电视台大型求职栏目《勇往直前》，任Boss团成员。每一次在节目中向应聘者提问时，我都会提及有关责任和担当的问题，很多人也往往是在这个问题上卡壳。

中国人民解放军国防大学的金一南教授说："担当是敢于承担风险，是胆略，是意志，是决断。"

一位著名企业家也曾说："当开启一个事业时，你就把自己的身家性命交给了这个事业，不管出现什么情况，你都没有理由和借口离开这个事业，否则就是对事业的背叛。所以，面对任何挑战，你必须赴汤蹈火、义无反顾。"

但是，**担当这一品质，不是生来就有的，也需要在后天进行锻造。创业者也可能经历一个"被担当"的过程，往往"心胸是被一步一步打开的，格局是被一点一点撑大的"。**

就拿我本人来说，在创业初期，并没有想过要去承担员工、客户或者其他的社会责任，只希望能"独善其身"，从没有考虑过要"兼济天下"。但走着走着，才发现创业者不可能只为自己拼搏，一家企业也永远不可能独善其身。企业要有未来，必须思考顾客员工乃至行业，去承担一定的社会责任。

陈春花教授说："看一家企业是否有未来，看三个方面：一是企业能否和客户同成长；二是员工能否和企业共成长；三是企业能否推动行业发展。"这些话对我触动很大。

当一个创业者有了担当，面对问题，就不会做缩头乌龟，会直面矛盾；当一个创业者有了担当，就会有一种舍我其谁的精气神；当一个创业者有了担当，就会激发人体所有的潜力往一处使，会把动机、智慧、勇气、能力有机统一，带动团队上一个大台阶。

有一年，我去日本考察，有一位垃圾回收工厂的老板给我留下了深刻的记忆，更进一步验证了我对担当的理解。

一开始，我其实对垃圾回收工厂一点兴趣都没有，因为印象中的垃圾厂都是些很臭、很脏的地方。但是下车开始，我就被这家垃圾回收工厂一点点地"教育"了。

停车场很大，不停地有大卡车在专人的指引下进出运送垃圾。而在停车场周边，全都是绿色的招牌来表明位置和划分区域，环境很干净、清爽，没有嘈杂的声音，就连运送垃圾的车辆也一点都不脏。出停车场的林荫小道是一条用铁条搭成的长廊，爬满了绿色植物。一转弯，就到了工厂的花园，这里有蔬菜基地，种植的有机蔬菜专供工厂的员工食堂。树上多有鸟窝，许多禽鸟就在这里安家。花园中还有养蜂场，是专门引进的高品质蜜蜂，一年产一次蜂蜜，每回都会被抢购一空。花园里的小道曲曲弯弯，上面铺满了废旧木材处理后的细木屑。

在整个参观过程中，我们闻不到一丝臭味，听不到机器的轰鸣，所见所闻皆是蜻蜓飞来飞去，小鸟婉转唱歌。据说，晚间还可以看到对生存环境要求极高的萤火虫出没。

主厂区的墙非常高，有很厚的隔音棉，所有垃圾的处理、回收和加工都是在这样的高墙里完成的。如挖土机、碎石机等大型仪器，使用的能源都不是柴油，而是电，以避免产生尾气和难闻的气味。

更让人震惊的是，工厂的每一道处理环节都设置了参观通道，并特意在途中易碰撞的地方全部安装了软性材质的保护设施。仅一年时间，就有10国大使来访，几乎每年都有1万多人到这里参观，很多老师带着孩子们来此上社会实践课，对着实景讲授如何通过科学的方法处理垃圾，教育孩子们要有环保意识。

这家垃圾再生利用公司通过垃圾废物的环保处理和回收利用，实现了前后端双向赢利，在2014年获得了日本的清扫大赏——这是日本国内含金量很高的环保大奖，同一年里还通过了ISO9000认证。这家公司的社长石坂典子是一位40岁左右的女士，已被日本首相接见。

事实上，也正是这位石坂典子，在企业的危急存亡关头挺身而出，使企业发生了质的转变。

当时，日本有一家电视台报道称，垃圾废物处理会产生一种叫"戴奥辛"的有害物质，导致皮肤过敏，并对人体健康产生严重危害，而石坂公司所在区域就被查出了戴奥辛超标。消息一出，当地生产的所有蔬菜全部下架，居民上街游行，到石坂公司门口扔垃圾示威。石坂典子的父亲，即前任社长石坂先生的一些决定更使得社会舆论的矛头全部指向了石坂公司。整个地区甚至动员所有人联合署名致信："你希望你的孩子皮肤过敏吗？如果你不希望，请你在这封信上署名，我们联合起来抵制这些废物的加工厂！"

在这情势危若累卵的时刻，父亲打算放弃，典子挺身而出，对父亲说："爸爸，由我来改变吧！"

经过和父亲的一席长谈，典子临危受命，获得了公司的管理权。经过无数个失眠的夜晚，她思考石坂公司未来的出路，思考怎么做才能让员工喜欢、客户喜欢、邻居喜欢。典子觉得，企业应该让员工愿意来，觉得安全，有幸福感；让邻居觉得环保，受邻居欢迎；在社会上能得到尊重和认可。

于是，典子决定对公司进行整体改革，对员工进行教育，把企业做成森林一样的环保企业，打造一家新型的、生态的垃圾处理再生企业。

在改革过程中，有40%的员工离开，石坂公司员工的平均年龄从55岁下降到35岁。全面提升技术，逐渐改善环境，这家曾濒临倒闭的企业如今年销售额达四五十亿日元，获得诸多环保大奖，成为全日本最著名的垃圾处理公司。

使这家垃圾处理公司焕发新生的，不仅是石坂典子对父亲一生事业的担当，更是一个企业家维持全公司员工工作、生计的担当，也是一家企业勇于承担社会责任，努力追求健康、环保的未来的担当。

从这个石坂典子的故事可以看出，**担当不担当，是人与人的分界线，也是一个人自我成熟的起点**。一个有担当的人，才是独立而强大的。

但我们往往会在理想和现实之间、在道德和利益之间、在挑战和恐惧之间苦苦挣扎，迷失自己。于是，我们的人生也都在怀疑和相信之间起落。也许在很多时候，我们都想逃避那个软弱、自卑、低配的自己，没有勇气去面对内心的自己，更没有勇气去担当"背起他人"的责任。

做人也许就是要不断磋磨，不断成事，并享受在做成事情过程中的快乐，就会在"成事"中慢慢"立"起来，让自己能感知到风骨和灵魂，也让外界能看到自己傲然于世的模样。我想，这就是自立。我想，在每一个人的内心深处，都有一个想要站立的灵魂！

一个独立的灵魂，是一个人和社会建立美好关系的出发点，因为"我"才是一切关系的起点。

创业者在关系中修行

核心关系要幸福

人是活在关系里的动物，生命即关系，没有人可以脱离关系而独立存在。在这个世界上，放眼望去，一切都是"组合"，因缘而生，没有独立的个体，没有恒常不变的存在，只是万物之间相依相生而已。

许多人终其一生都在追求快乐，让自己拥有一个美好的人生，但实际上，生活中绝大多数的不快乐都是因为关系没有处理好，往往会卡在"核心关系"上。

就好比将一块石头扔到水里，激起一层层的涟漪，这石头就是"我"，是一切关系的起点，而一层层的涟漪就是因为"我"而荡漾开来的关系圈。小石头，激起的涟漪圈就小一点；大石头，激起的涟漪圈就会更多、更大地荡漾开去，**而离"我"最紧密的几层，就是核**

心关系。

每一个人都有自己认为的重要关系，其主导了我们一生的幸福和快乐，因此如何经营核心关系是人生修行的大课题。

有的关系让人往下沉沦，隐形的绳索变成了手铐脚镣，使我们很想挣脱，很想走开，最后变成了苦苦挣扎，甚至万劫不复，是孽缘；而有的关系让人向上提升，不断升华，隐形的绳索开始消逝，没有了牵绊和怨言，想到的只有微笑和感谢，成为内心深处的一份祝福，是善缘。

我有一堂课名为"人生在关系中找到幸福"，经常会和会员分享：买房子，得有人一起住；旅游，得有人一起玩；工作，得有人一起干；要想幸福，就必须与人合作。但为什么我们总是孤家寡人，为什么我们总是内心孤独？那是因为我们和核心关系失去了链接，心就会变得空落落的。

我们扣问内心：自己真正需要的是什么？最害怕失去的是什么？最在意的人是谁？哪些人不快乐，自己也不会快乐？互动最多的是哪一层关系？

对于创业者而言，还要思考谁是我们的利益共同体。因为只有他们好，我们才好。

只有想明白这些，然后画出核心关系圈，才能找到生活和工作中的核心关系，再一层一层往外画，有多大能耐就画多大的圈。

生活中的核心关系，是和爱人的亲密关系，和家人的亲情关系。

家人之间各有各的修行，如若一个人太多自我的坚持，有时候就会把关系搞砸了。夫妻吵架是难免的，但经常吵，就要修正，修好了就会越来越好；修不好，人就会想要挣脱这种链接，因而这个社会的离婚率才居高不下。实际上，夫妻从茫茫人海中走到一起，极其不易，双方应该求同存异，互相包容。

我有一个发小，年轻的时候英俊潇洒，后来下海创业，随着事业越做越大，和老婆天天吵架，"认为老婆完全不懂我"，后来离婚换老婆，再离再换，孩子生了几个，都是不同的娘，整个家庭吵吵闹闹。现在他50出头，看上去憔悴不堪，往日的英俊早已消磨在岁月的长河里。有一次同学聚会，他喝了点酒说："我这一辈子就是老婆没找好，以致生活一团糟。"也许他对亲密关系有自己的期盼，却是用换老婆的方式解决这个问题。

我看到一些女性企业家亲密关系破裂，其主要原因有两个方面：一是女人成长太快，男人跟不上，最后无法同频；二是女人自我意志太强，身边氧气稀薄，男人无法呼吸。

在电影《阿凡达》中，男女主角常说"I see you"，也就是"我看见了你"，而看见就是爱。其实，全神贯注地看见对方很不容易，往往我们只是全神贯注地看见了自己，却又希望对方也全神贯注地看见我们。

核心关系中，父母是家庭的根。我曾听一位中国台湾的老师说："父母是不完美的，是要靠孩子的孝顺来成全的。因为孝顺的孩子不会让父母失望，所有的孩子都欠父母一句话：你们是我最好的父母。而孩子是要靠父母的信任和鼓励来推动的。"

我很庆幸生在一个不富裕但幸福的家庭。记忆中虽然生活艰难，但父母相爱相守，努力拼搏，给了我们很正向的榜样力量。奶奶给了我内心的柔软。她和父亲没有血缘关系，但视如己出，将父亲抚养长大，尽可能去帮助村里其他人。在她身上，我读懂了善良和慈悲。在这样的原生家庭长大，对我们家三个孩子的性格成长，都有很好的助力。

创业者理清生活中的核心关系，得到亲密关系层的支持，就能够获得最核心的能量，接着还要梳理工作中的关系，和投资人、合伙人的关系，和核心高管团队的关系，和客户的关系，和员工的关系，和商业合作伙伴的关系，和行业的关系，和社会各界的关系……

一定要把身边能够滋养内心、赋予力量的核心关系梳理出来，确定相处原则，然后用心经营。

就我个人的心得体会，创业者还要梳理一层非常重要的关系，就是身边的人，比如司机、助理、企业内和钱物有关的岗位，以及家里的阿姨。有些岗位，可靠比能力更重要。对于那些朝夕相处的人，就要彼此信任，在一起舒泰且不戒备，这些伙伴往往是给予点滴温暖和幸福的人。

创业者比一般人的关系圈要大，我每每对自己说：量力而行。不能外在关系风风光光，内在核心关系却一塌糊涂，那就是"金玉其外，败絮其中"。每天活在紧张、纠结、挣扎中，把身上的能量消耗

殆尽，就无力去面对事业上的各种挑战了。

其实，每一个关系的背后都藏着一份礼物，只要我们有足够的勇气去面对，就会越来越接近自己的心。当我们开始敞开心扉连接世界，就会有无限美妙的生命体验。

照镜子，修自己

昨天的因，今天的果；今天的因，明天的果。而结果就是镜子。

阿里巴巴提出管理"三板斧"，就是照镜子、揪头发、闻味道。照镜子，从三个方面着手：心镜，做自己的镜子；镜观，做别人的镜子；镜像，以别人为镜子。揪头发，是指向上思考，打开眼界，跳出自己的位置思考问题。闻味道，敏锐地发现尚未萌芽的问题。

有的镜子照见外在的形象，有的镜子照见内在的问题。"照镜子，修自己"，是创业者的必修课。

2008年，我和我先生头脑发热开了一家"高地春天"茶馆，近2000平方米，在开张前做了全套的VI设计，把大量的空间留给了感觉，小桥流水，亭台楼阁，请美院的老师画了整面墙的油画，还从东南亚买了很多装饰品，请媒体狂轰滥炸，知名度一下就起来了，曾经是杭州十大茶馆之一。周末虽然客流爆棚，但周一到周四惨淡经营，辛苦经营两年，亏损几百万元，最后草草收场。

把前几年好不容易赚来的钱全亏了，终于学会照镜子：高端装修配68元自助茶馆（从早上9点到晚上5点为早场，很多退休人员一待就是一天，一日三餐在茶馆解决），业务模式和定位不匹配，战略不清晰，根本没有考虑茶馆定位、客户是谁、坪效多少……凭兴趣拍脑袋跨行创业，还没摸透美业，又一窍不通跨入茶馆业，犯了大忌，失败是必然的。

有好友说："老祝，这是好事，从此你不会盲目投资，特别是等你有钱以后。"

创业者往往是在碰壁后才学会照镜子的，有的事情用"外镜"一照，其结果血淋淋可见：商业模式不对，创业失败；士气低落，业绩下降；员工关系紧张，客户投诉居高不下，这些都是看得到的。

就好比女人每天照镜子，看看发型是否乱了，口红是否没了，衣服是否穿到位，然后从自身找问题，马上调整。原因很简单，镜子里的结果就是我们的影子，所以一定会回到身上来调整自己。

但很多时候，要用"内镜"去照自己决策时的起心动念，要叩问内心的创业动机，然后自我反省。

我对任正非先生的敬佩，不仅是他创造了商业帝国，更是因为他要求自己和华为人"长期艰苦奋斗，长期坚持自我批判"，这是何等了不起，甚至堪称伟大的人格力量。

反省是一件很难的事情，因为人最不愿意的就是面对自己。所以，**内在的镜子比外在的镜子更重要**。内在的镜子在哪里？现在你遇到什么样的事，有什么样的结果，而当下所有的结果就是照见内在自我的镜子，一切归因，看看内心。从因上找问题才是解决问题的核心，而"我"是一切问题的根源，就从根源上去找。不断地自我反省和剖析，就能直接抵达问题的核心。

"我以前想了什么，做了什么，才会有今天的结果，未来需要怎么修正"，**如果希望未来不同，必须回过头来调整自己的起心动念，换一个想法，换一个态度，换一个做法。**

王阳明先生倡导"立志、勤学、改过、责善"，改过和责善，包含着自我反省和自我修正。

一个人只有从灵魂深处反省自己，净化自己，才能够真正影响他人。

创业路上，我曾经碰得头破血流，内心几近崩溃，才学会内观，才会对自己说"我错了"。去过静博士大楼的伙伴，都会看到墙上刻着一段文字——《因为要活很久》，当时企业濒临崩溃，我作为创始人，在一次一次的自我反省和批判之后，于2010年的某个深夜写下了这段刻骨铭心的文字。

一个人只有从灵魂深处反省自己，净化自己，才能够真正影响他人。

因为要活很久，所以戒急功近利，不因利丢义，始终把顾客的需求放在心里；

因为要活很久，所以要追求合理的利润，赚该赚的每一分钱，省该省的每一分钱；

因为要活很久，所以必须培养梯队，要后继有人，要让员工觉得工作是一种幸福；

因为要活很久，所以要不断地迎变创新、开疆拓土，否则不进则退；

因为要活很久，所以要高瞻远瞩，要有理想、有追求，成为一家对客户、对员工、对国家、对社会都有贡献的企业，才是我们的终极理想。

由此，我慢慢学着从内入手，照见自己。从员工关系、客户关系、合伙人关系入手，对照企业在经营管理方面的问题，也照照自己在决策时的动机，痛定思痛，不断反求诸己，把自己扒得血淋淋，在一个个万籁俱寂的深夜醒来，静静地面对自己，在痛苦的泪水和欢欣的笑容中重新起航。

在创业初期，员工投诉较多，一年内难免有几次纠纷，照见我们在员工福利制度上的不规范，于是率先在行业内实行全员社保，五险一金，还推出了爱心基金、节假日休假制度等。

在成长阶段，发现美业员工留存和成长是个大问题，直接影响企业的良性经营，开始琢磨一系列有关员工的政策和措施。

企业慢慢壮大，顾客越来越多，各种问题就会暴露出来，这才让我们深刻理解：顾客才是企业的命脉，顾客满意员工才能真正的幸福。于是我们开始思考如何"以客户为圆点"，从战略到执行都开始转向。

这世界有一个真理，那就是"前因后果"。过去的每一步都是"因"，现在收获的不管好坏都是"果"。曾经挣扎不出来的事，都是来考验我们的，让我们知道做错了什么，用错了谁，也明白了自己缺了什么智慧，少了哪些能力，性格中有哪些方面要修正。

我们还可以从同行身上照镜子。

看到因为上游产品供应商触犯法律法规而波及下游，一大批美容院被查，甚至促使国家出台政策，严查整个行业；看到有的连锁机构非法融资带来致命的伤害，几十人锒铛入狱；看到一家上百亿的健康直销企业，因为用儿童形象做虚假广告，导致企业轰然倒塌的事件，波及上千人；看到医美界，客户小额贷款带来的各种隐患；看到"传销式"整形如何从一个城市飘向另一个城市，死灰复燃。

在创业路程中，我会看看行业内外的企业，读懂他们的创新之处，了解竞争对手的策略；摸摸整个行业面临的问题，参照优秀的同行。正是参照体系的不断扩大，让我的视野从一家小店放眼到整个行业。

古语云：以镜为鉴，可以正衣冠；以人为鉴，可以知得失；以史为鉴，可以知兴衰。

以同行为鉴，思考经营底线；看别人荣辱，照自己进退；看到他人的优秀，才知道自己的不足，更重要的是，**时常照镜子，才可生出敬畏之心。**

我们还可以从周围人身上照照镜子。有一次，在一个省级企业家的官方会议上，一位高龄的女企业家在会上发飙，口无遮拦地表达自己的情绪。午餐的时候，几位与会者坐在一起互相提醒："我们一定要引以为戒，以后活到她这个年龄，切不可倚老卖老。"

照镜子就是反省，就是从根上找问题。如果一味地从表象去解决问题，不从根源出发，就会发现这世界制造问题的速度远比处理问题的速度要快得多，每天只能到处救火。

创业者一辈子都要照镜子，持续反省，才能不断进步，不然创业者的天花板就是企业的天花板。

在关系中坚守不变的原则

在儿子小时候，我经常给他讲故事，记得曾讲到过一个广为人知的"爷爷和孙子骑驴"的故事。

一位老爷爷和他的孙子骑着一头小毛驴，到别村去找朋友。刚到村子时，迎面走来了一个中年人，他自言自语地说："两个人骑一头小毛驴，快把驴给压死了！"老爷爷听了，立刻下来，让孙子一个人骑，自己在旁边走。可没走多远，一个老人看见了，摇摇头说："孙子骑驴，让爷爷走路，太不尊敬老人了！"于是，老爷爷连忙叫孙子从驴背上下来，自己骑了上去。又走了不远，一个孩子看见了，很生气地说："没见过这样的爷爷，自己骑驴，让孙子跟在他后边跑。"老爷爷只好赶紧下来，和孙子一同走。他们来到北村，几个种菜的看见了，说："有驴不骑，多笨呐！"最后，爷孙俩决定抬着驴走，走到不远处，就又有人哈哈大笑，说："这两个人真有意思。有驴不骑，牵着也行呀！何必抬着呢？"老爷爷摸摸脑袋，看看孙子，实在不知道该怎么做才好。

当时单纯当作一个故事来讲，一笑了之，如今细思却有了不一样的认识，这样的现象在现实生活中其实很常见：工作上，我太在意别人的看法，于是人云我云；生活上，我不想让家人失望，于是最终活成他们眼里的样子；我在某一段关系里，想去取悦一个人，小心维系这种关系，最后迷失了自己。

所以说，**比修正更难的是"不修"，什么才是我们立于世界的根本，是相对不变的，是属于自己的东西，别人也因此更了解我们，更能建立一种稳固长久的关系。**

而这些属于自己的东西就是"原则"，在用人、处事、交友、投资、决策等方面都能看出我们的"影子"，别人因此而认识、了解我们，其核心的底层逻辑是价值观。

有一天，我先生看好一个市中心新建成的房子，1万多平方米，处于中心医疗区，非常好的地段。政府把该房子定位在健康产业，和我们的产业也吻合，他认为是非常难得的机会。一开始我也很兴奋，我们俩从1楼爬到11楼，在楼顶看到美丽的西湖，一时间内心澎湃，想要大干一场。

但是，一两天后，我放弃了，因为内心有一个声音不断问自己说："原来想要找三五千平方米的房子，有明确的战略决策，现在1.5万平方米，业务模式、人才结构是否匹配？"开茶馆失败的案例还在眼前，当初也是因为在市中心有很好且便宜的商铺，心血来潮，一头扎进去，亏得一塌糊涂。我想起了柳传志的"三不原则"，即"不赚钱的生意不做；赚钱，但如果失败，不能承受结果，不做；赚钱，也能承受失败的结果，但如果没有人才，不做"。

我心中关于业务发展的原则：跳一跳够得着的生意，可以做；再好的模式、再好的机会，没有核心关键人才，不做。

有一天，总经办开会，要决策几个重要事项。我发现人资部门站在员工角度发言，运营部门站在客户角度发言，财务站在企业角度发言，全是"屁股指挥脑袋"，没有全局整体思考，于是，我提出了静博士决策的三个原则：有利于客户，有利于员工，有利于企业，三者要统一思考。

慢慢地，我们梳理出很多在工作上的原则：讨论前充分发言，拍板后坚决执行；首问责任制，不让一线跑两次；不和没有底线的企业合作，即使条件再优厚，都要放弃；把集体利益放在个人利益部门利益之前；不把钱投入到不熟悉的行业，不赚投机的钱。

创业者要面对多重关系，处理各种事物和矛盾，如果摇摆不定，决策多变，就会成为企业发展的死结。

一个内心有原则的人，不会"见人说人话，见鬼说鬼话"，不会为了讨好别人而迎合观点，不会是一根随风摇曳的墙头草；在人际关系中，既有情义，又不会因为人的亲疏关系而改变原则，有失公正。

我经常会讲的原则有：新事业、新做法允许犯错，但不允许推诿；不掩盖问题，要直面问题；负最终责任的人应对行为结果负责；不要对重大分歧不闻不问；做决策时，要深入了解一线，不要想当然；保持开放的心态，对事不对人，有矛盾及时沟通；对原则性问题要坚持立场；处理客户投诉，要站在对方的立场理解其感受；做同行的生意，就要坦诚相对。其实，一切事情的发生常常是反复出现、不断演进的因果关系，所以要试着去找规律，并制定原则，很多事情就会事半功倍。

有一次，我非常愤怒，没有控制好情绪。事后自我反省，干部是犯错了，结果是不好，但也不至于要发火，为什么会这样？我复盘了全过程，也扫描了自己，干部在事情的整个过程中很投入，她没有意识到要对"结果负责"，而是努力"做事情"，所以她觉得委屈，不断找理由；而我认为交代了几次，概不执行还"找借口"，高管可以犯错，但不允许"找借口"。其实，整件事情中很关键的一点是业务流程和评判标准不完善。再往深里思考，其实只要找到规律，制定原则，再设计流程，考核节点，明确告知目标，是完全可以避免这一类矛盾发生的。

美国作者瑞·达利欧的畅销书《原则》，让人很受启发。他从生活原则讲到工作原则，认为一个有原则的人总是可以依据清晰明确的原则做事，有了原则，可以更好地理解彼此，可以把有共同原则的人链接在一起，形成家庭、组织、社区，成为跨国朋友。原则能够反映人的真实性格和价值观，在人际关系中，有了原则，人们可以很好地互动。他认为，拥有共同价值观和原则的人才会相处融洽，没有共同价值观和原则的人将不断产生误解及冲突。

然后，把那个确定的"我"高高地立起来，让周遭的人感知到你是什么样的人格、人品，并由此来对你做出判断，了解你是依据怎样的原则为人处世的，那么同频的人就会和你互动，并发生链接。

我想，一家企业的品牌中，一定蕴含着企业的原则和价值观，才会形成客户口碑的积累。一个成熟的人，一言一行都会带着原则和价值观，别人也会因此更了解你，更能建立一种稳固长久的关系。

在爱中升华自身的价值

找到努力工作的意义

我做了三届浙江大学"求是强鹰实践成长计划"的创业导师，在导师面试学生的环节，我会问同学，为什么对创业感兴趣以及对创业的理解，等等。有一次，面试环节结束，一个女学生跑出来问我："祝老师，我很想知道，一个女性创业后如何让自己快乐？您快乐吗？"

一瞬间，我愣住了，看着这位朝气勃勃的姑娘，仿佛是她在"面试"我。

我快乐吗？创业者怎样才能快乐，或者说什么才是创业者想要的快乐？这样一个大命题突如其来地摆到了我面前，引发深思。

我想到了查理·芒格的一句话："要想快乐幸福，先研究为什么痛苦；要想企业强盛，先研究如何衰败；要想赚到钱，先研究为什么赚不到钱……"

我想，每一位创业者所处的阶段、规模、时间，以及人生经历都不同，对快乐的感知都是有所不同的，有的是因为企业发展而快乐，有的是因为财富的增加而快乐，有的是因为地位改变而快乐，有的是因为拥有一个"说了算的小王国"而快乐，有的则是为实现价值而快乐……

而创业者对痛苦的认识，可能是基本相似的：业务方向不明，核心团队流失，顾客不买单，现金周转困难，抑或是身体健康的原因等，让自己深陷泥潭无法自拔，不知道前途在哪里，不知道风险有多大，不知道身心还能扛多久，仿佛在黑暗中打转，苦苦挣扎，大量消耗能量，在痛苦和煎熬前行。

有一天，我突然莫名地很不快乐，可能是因为近期工作不顺利，压力很大，身体疲劳，做什么都提不起兴致。于是，放下案头工作，吃了一瓶SOD超氧化物歧化酶，这是对抗自由基的——此时身上一定有很多的自由基正在消耗我的能量，然后出去快走，一个小时后出一身汗，接着就去门店做护理，泡个药浴，做个按摩，顺便跟小姑娘们闲聊。

她们家长里短地跟我聊天，会聊到很多顾客变美的故事。有的人笑着说："祝总，你看我的两条大腿，前一个月做了抽脂手术，现在变得这么苗条了，以前每条腿上都挂了三斤三两的肥肉啊。"还有人说："祝总，我的小眼睛不见了，上个月公司奖励做了双眼皮。"也有姑娘说："我们在静博士既赚钱养家，又要貌美如花。"

姑娘们身上有很多动人的地方，笑容很灿烂，声音很清脆，我听着听着就笑了，精神慢慢舒缓了，压力感减轻了。创建一个平台让员工安身立命，让顾客变得美丽健康，本身是很有意义的事情，但也是一件长期工程，急也没用，静下心来踏踏实实，努力前行，并在点滴中找到滋养自己的东西，快乐也就来了。

我认为，如果一个人不能承受创业带来的痛苦，那就不要创业；如果创业已经对身心造成了伤害，那就赶快刹车。人活一世，就是为了快乐幸福而来的。**人生最重要的是两件事：让自己更快乐、更幸福，帮助别人更快乐、更幸福。**

快乐不是与生俱来的，也不可能从天而降，是需要修炼的，是一种能力，更是一种智慧。

我常常对员工说："不要为了领导或者老板而工作，你要找到努力工作的意义，为自己也为你爱的人和爱你的人而奋斗。人性终会懈怠，但内心有信念、有爱的人，一定会努力，因为爱你的人对你有所期待，你对你爱的人想要有交代。"

员工是如此，创业者更是如此。

如果创业者对事业没有热爱，内心就不会有长久的力量，更谈不上快乐，因为小风小浪就可以把人打趴下。而只要内心有热爱，喜欢"正在做的事儿"，就会有追求，会花时间去研究，倾情投入，精益求精，认真对待；更会因为热爱，不断地学习，不以奋斗为苦，也不在意成名与否，不在意别人的评价，只是踏踏实实地默默耕耘着，因而更加专业，更有获得感，内心充满力量。日复一日，年复一年，执着地行走在"春有百花秋有月，夏有凉风冬有雪"的路上，一点一点积累，那么付出必有收获。

我自己就是这样一个过程。因为热爱，到全国乃至全球考察，拜师学艺。有一年的暑假，我用大半个月的时间在美国考察身体抗衰的实验项目。在工作中努力突破天花板，从生美、医美、中医、大健康再到行业教育，是企业业务的拓展，也是打破自己原有的知识结构，向新的领域拓展，无数个夜晚和周末都在学习，在找资料，在做PPT，在写演讲稿……乐此不疲，时时进入一种忘我的状态，有人说这叫"心流"，那种感觉有时候无法用语言描述。

所谓"心流"，是心理学家米哈里·契克森米哈提出的概念，指一个人完全沉浸在某种活动中，无视其他事物存在的状态，由此能获得更多的幸福感。

如果你在工作中找到了"心流"的感觉，恭喜你，你一定是找到了努力工作的意义。

活出自由度，进得去出得来

创业者如何活出自由度，这很重要，但也很难，是一生的修行。

我想，在各种场景中如何"进得去，出得来"，是心理减负的重点。心里背负太多，一定走不远。

经营不善，用人不当，谈判失败，投资失利，或者一段时间超负荷运作，刚刚在办公室发了火，看到了龌龊的事，听到烧心的话等，如何把心中的负能量清理出来，要找到途径。

我用得最多的方法就是切换空间。飞到海边，飞到山川，看长河落日圆，看大漠孤烟直，看落霞与孤鹜齐飞，听天籁之音，听涛声依旧，这个时候很多烦恼就渐渐远去，心就"出来了"。

有时候我利用短暂的周末，飞去赏洛阳的牡丹，吃云南的菌菇老鹅汤。我和我先生都喜欢参观古代陵墓，近距离读一段历史，涤荡一下心胸。我每到一个城市一定要看看人文景观。

还有一个在原地切换空间的方法：看一部电影，读一本穿越小说。这个时候，我不想太动脑筋，不爱看美剧，喜欢跳脱、好玩的故事场景，看看帅哥美女，脑子很快就转了频道，心情也就随之改变。

切换空间，转换频道，心静下来，很多事情就通透了。

没有人会长时间关注别人的事，所以大可不必在面子上和自己过不去，时间会证明一切；面对忍无可忍的事情，该发的火如果有震慑作用还是要发，但千万不能"自损八百"伤了自己；面对实在留不住的人，就好好说再见；有事要及时处理，有的实在过不去的事情，就让"子弹飞一会儿"；要知晓在这个不确定的时代，面对不确定的事情，**变化是新常态。**

变化是新常态。

还有一句话很重要，"没有永远的敌人，只有永远的利益"，这个利益当然是正当的利益，在商界读懂它，会放下很多东西。

如果我们面对很多接受不了的事情，心里不接受而常常忍耐，那么忍耐更难受，难受久了就会伤到自己。

创业者要保护好自己，守住心中这一口气，比什么都重要。你若安好，蝴蝶自来。所以，尽量要让负面情绪不再淤积于心，能够心平气和，在心与境之间自由穿梭，一进一出。

改变自己的"空间"，"容器"就大了，孔子说"君子不器"，其义就是要打开自己的容器，没有边界，空间很大。心大了，事情就小，矛盾弱化了，就不容易生气，不会太在意外界的评价，不会太郁结。从养生的角度来看，长时间的郁结往往容易生病；心小了，想要把事业做大，就会很累，只要遭受一下打击可能就垮了，撑不住。

我从事美业多年，还有一个特别大的感受：调整心理，有时要从调整身体状态开始，因为一个人长时间处于亚健康状态，是不可能身心轻松、精神自由的。物质决定意识，有时候要从物质基础上下功夫去调整精神状态，让自己动起来、"暖"起来，让身体多分泌内啡肽，少分泌肾上腺素；有时候则要调肝养心、疏通经络，不要让自己长时间肝气郁结。

我经常说："不管经济怎么动荡，肾上腺素不能太动荡；不管指数怎么下降，荷尔蒙不能太下降。"

我想，女性创业者因为生理和男性不同，每个月要"流血牺牲"，还有更年期困扰，承担的压力更大，如何释放负面情绪是人生一大课题。女人往往是"进去了，很难出来"，容易抱怨，容易钻牛角尖。著名作家冯唐说："年过40以后发现，最美的女人是不抱怨的女人。"

试想，一个抑郁、抱怨的女人怎么可能养育出乐观、开朗、大气的孩子呢？试想，一个男人又怎么可能会爱上郁郁寡欢的女人呢？试想，谁又会喜欢追随一个总是怨声载道的领导？

作为女性创业者，我们要明白，任何事情有利有弊，明白这世界有因有果，明白就算是自己的孩子也有他的生命轨迹；明白你爱的人未必爱你，你欣赏的人未必欣赏你，很多事情强求不来，学会接受，该放手时就放手。

我还有一个心得：女人调心态可以从调容颜开始。

跑步运动加速血液循环，经常去专业机构做做护理，去感受抗衰老的仪器和项目，必要时也可以微整一下，午餐美容可以短时间见效。当你看到镜子里的自己眼波流动、面色红润、头发乌黑、身材苗条，心情一定不会太差，所以不要等身体发现太差了才调，不要等容颜太老才整。女人要有勇气改变可以改变的，用智慧接纳无法改变的。

女人经得起事业的磨炼，抵挡得住岁月的洗礼，还依旧优雅和美丽，那么一定是一个"活出自由度的女人"，面对创业纷繁复杂的事情，眼里有浓浓的江湖，心中有淡淡的山水。

创造价值，对别人要有帮助

创业者要找到幸福和快乐，最重要的一点就是创造价值，对别人有帮助。

我有一位忘年交——向雪岑教授，皮肤美容界的权威医生，曾经编写了《美容皮肤科学》一书。那一年，我请她到静博士给员工们上课，我说："向老师，您这个年龄还全国各地飞，很难得。"年近七旬的她笑着说："我觉得自己很有价值啊。"然后，她还跟我们分享了她朋友的故事。

她的朋友出身名门，长得漂亮又嫁得好，一生不需要工作，衣食无忧，跑遍了全球各地。有一天对她说："老向，你说我这一辈子啥都有，怎么我内心总是觉得空落落的呢？"

向教授认真地回答："你觉得自己这一辈子创造了什么？其实你一直在享受生活，但没有创造价值。一个人的快乐是因为对别人有用，付出比索取更快乐。"

那一天，我眼里的向教授非常美。

创业者尤其要思考"我能创造什么价值"，商业的本质就是"满足需求，创造价值，并获得回报的过程"。当我们走上创业这条路，就必须面对太多太多赤裸裸的利益诱惑和爱憎喜怒，对充满不确定性未来的恐惧，对极速狂飙时代变革的焦虑，以及对无法尽善尽美抉择的纠结，将必定充斥着创业者的生涯，无法逃避，无法抵挡。

创业中总会碰到很多的困难，内心就会有阻力，那些横亘在眼前的障碍常会无限放大，做事总是担心投鼠忌器，会因害怕掉进陷阱而驻足不前。

但无论如何，还是要经常问自己：我的工作有什么价值？我们能为客户实现哪些价值，能帮到什么，能解决什么？能为员工做什么，能给员工的家庭带去什么？再往大的角度想，我们为行业和社会创造了什么？

我每每午夜梦回，在寂静无人时一次次深入思考"静博士存在的理由是什么"，就会有敬畏感，觉得我们做得还很不够，也会不断地自我勉励，不敢有一丝懈怠，使自己成为一个内心动力大于阻力的人。

日本的"经营之神"稻盛和夫推崇"自利则生，利他则久"。他不断和自己确认事业的目的与意义。"原来我的工作有如此崇高的意义。"他说，"如果找不到这一点，人很难从内心深处产生持续努力工作的欲望。"

我有一位业界朋友，有一天来我家做客时对我说："我已经两个月没有去公司了……突然觉得失去了奋斗的意义，我现在要啥有啥，好房好车好表，想买什么时装首饰，刷卡就可以了，但幸福感越来越少了。"

因为彼此很熟，我就笑着说："你可以试试调整一下梦想。你最初创业时想要的物质目标都实现了，还守着这些，当然就没有斗志了。**其实，有时候梦想不是拿来实现的，而是拿来激励的；你此时的不快乐，也许是因为你的梦想太小了。**"

我想，创业是否成功，不仅是看公司的财务报表是否漂亮，也不仅是看是否实现财富自由，更重要的是：是否能把一件件事情做成，是否能帮助别人实现价值。

创业者越早从财富带来的物质快乐中走出来，越能够感知精神追求的愉悦，也越能去接受挑战，承担责任，找到一生想要追逐的东西。奥地利作家斯蒂芬·茨威格在《人类群星闪耀时》中留下了这样一句名言："**一个人生命中最大的幸运，莫过于在他年富力强的时候发现了自己的使命。**"

我从一个"小我"开始创业，想要改善皮肤顺便赚点钱，却被命运之手推着走向了责任和承担，因此找到了人生的意义和使命，我将之确定为"命运"，并愿意为之付出一生。其实，人这一生，得到自己想要的东西并不稀奇，真正难得的是找到某种有意义、值得一生去追逐的东西。

我有一个朋友是行业协会领导，平时工作量很大，但一有空就飞到全球各地当志愿者。他说："我就想多干点有意义的事情，让自己更有价值。"他很辛苦，但很快乐。

有人说，使命是人生的向导，是奋斗不懈的动力。找到这个使命，就仿佛启动了内心的核动力，你将充满激情和动力，你将孜孜不倦，你将无怨无悔地做着自己喜欢的事情，你将清晰洞见你的未来，你将知道并深信自己的未来是健康、富足、幸福的一生，并且每天都享有这种感觉和喜悦，因为你知道它必定属于你。

放眼周边，太多企业家在使命的驱动下创造价值，造福他人和社会，并因此而享有满满的幸福感。有的解决了出行不便的问题，有的解决了线上支付的问题，有的解决了远程购票的问题。正是因为这些企业或者企业家的存在，人们的生活发生了翻天覆地的改变。创业者因获得商业成功而收获快乐，消费者也因生活便捷而更快乐，这就是长久而美好的关系。

我在创业中经常获得小确幸：看到员工们个人成长、家庭幸福，觉得很快乐；看到客户们一年一年容颜不老，追随企业，觉得快乐；看到行业的同行们因为静博士的付出而有所收获，觉得快乐；也因看到企业发展、家人进步而觉得快乐……

一个人活在这个世上，如果只为自己活着，不对家庭、同事、社会有所帮助，必将不受欢迎。同样，一家企业在经营中如果不关爱员工，不为客户创造价值，对社会没有贡献，也必将难以生存。

没有人会为自私者鼓掌，更没有人会为自私的企业捧场。

我们在做事时，创造价值，成就自己，成就别人，最后得以滋养和幸福。我想，工作或者生活不是因为快乐而有意义，而是因为有意义才快乐。

03

创业者和家族合伙人的关系：
家和业兴，不可失落的初心

———

　　是亲人又是创业合伙人，是加分还是减分，是幸还是不幸？太多分崩离析的故事中，家人合伙共患难易，同富贵难，往往都因双重身份苦苦挣扎。在冷漠的商业规则前要给予亲情的温暖，在温馨的家庭中要思量企业得失和利益多寡，如何从亲情关系上升到商业关系，如何"家和兴业"，是每一位家族创业者面对的重大课题。

———

破局"双重身份的谜团"

共患难易，同富贵难

"谈钱伤感情，不谈钱伤企业"

从亲情关系上升到商业关系

整个家庭的同频共振

直面矛盾，化解分歧

家人要分清"规则"

每一段关系都要刷到存在感

孩子教育，家与业之间的头号难题

不是你疯了，就是我疯了

留给孩子精神和梦想

破局"双重身份的谜团"

共患难易，同富贵难

家人有着血缘或亲情的紧密连接，有一句话说得好：亲人只有一次缘分，下辈子无论爱与不爱，都不会再相见。如若携手共同创业，又有了一层商业关系，是加分还是减分，是幸还是不幸？

李锦记是我国屈指可数的百年家族企业之一，历经四代传承，建立了卓有成效的家族事务委员会制度。即便如此，在120余年的发展历史中，李氏家族也经历了巨大的磨难，其家族分裂的故事也不是秘密。

前不久刚刚离逝的李锦记第三代掌门人李文达，其办公室墙上曾裱框悬挂这么一段话："在我的经验当中，家族为家庭的纷争付出沉重的代价。我的弟弟因为家族业务与我意见分歧，以致不与我往来，我至今十分痛心、难过。我不希望下一代有我这个不愉快的经历……

无论如何，都要以家族为先。没有和谐的家庭，就不能延续家族，亦没有可延续发展的家族事业。"

这无疑是李文达先生对事业与家人关系重要性的思考和反省。我想，这不仅是对李锦记家族的拳拳之心，也是对所有家族企业合伙人的殷殷劝告。

早在我还做财经记者的时候，就曾有过一次深刻的体会。

那一年评选浙江省著名商标，我随团去采访候选企业。这是一家由三姐妹联手创业的服装企业。走进公司，一派热气腾腾，大姐接待客人，二姐指挥物流发货，三姐在车间指导设计师。三姐妹都是大大的脸盘，脸上的笑容格外真诚，个个都是大嗓门，老远就能听到她们的声音。后来，我和她们成了朋友，也见证了她们的故事。

在创业初期，三姐妹可谓情比金坚。在企业出现税务危机的时候，姐妹中的老二主动担起了公司所有的责任，被判刑入狱，大姐和三姐到处奔波，一边支撑企业的存续和发展，一边为监狱中的老二忙活。

然而，在老二出狱后不久，家族企业就开始出现了裂痕，为企业付出过无数心血和做过重要贡献的三姐妹却开始为各自的利益同室操戈，股权纷争不断。老二觉得自己忍辱负重，牺牲最大；老大和老三觉得这几年企业的发展都是她们在市场上拼搏的结果。三个姐妹背后代表着三个家庭，很多时候甚至是身不由己。最后，这家企业虽然借壳上市，却已经失去了内核的动能。

三个姐妹分崩离析，"分家"单干，与最初的愿望早已经大相径庭，实在令人扼腕叹息。

"共患难易，同富贵难"，创业合伙人往往会碰到这样的"死结"，家族企业尤为如此。

作为一名创业者，我深知其中的不易；而家人合伙创业，选择将企业与家族融为一体，那么需要面对的问题更多，也就更不易了。一句简单的"家和业兴"，是很多创业者的美好希望，也是求而不得的内心失落。

我们看到太多这样的创业故事：因为家人，信任基础比一般合伙人要扎实，所以在创业初期，这种力量尤为显现；但随着企业逐步走上正轨，在取得阶段性的发展成果以后，一些在创业初期被大家无意识忽略了的问题便会接踵而至。创业合伙人对企业战略与经营策略的认识不同，职能、权利与责任不匹配，对企业价值贡献不对等，或者成长速度不均，乃至于利益分配和股权纷争……家人之间原本单纯美好的平衡被悄然打破，一些矛盾的产生几乎是不可避免的。

而如何合理化解这些矛盾，如何在"家和"的基础构建"兴业"，抑或是在"兴业"的基础上促进"家和"，都成了创业者必须面对的重要课题，也是决定企业能否可持续发展的决定性要素之一。

对许多创业者而言，事业与家庭的平衡是一道难题。不付出超常的精力，不全身心地投入工作，殚精竭虑，便绝不可能取得创业的胜利。为此，家庭往往会沦为企业成功路上的牺牲品，许多创业者因此淡漠了夫妻感情，冷落了成长中的孩子，忽视了血浓于水的兄弟姐妹，淡忘了含辛茹苦的父母……而失去了家庭的支持和亲情的滋润，创业者又如何能在创业的战场上走得长久呢？

人生事业双丰收，更像是不可兼得的鱼和熊掌。大道至简，知易行难。

在我所投身的美业中，很多是家人合伙创业，从一开始患难与共到后来分道扬镳，实非少见，乃至于许多同行的朋友们碰到我时经常会问："你跟你妹妹合作这么多年了，为何你们没散伙啊？"有一次，我去参加某个行业聚会，席间竟然有三拨人都问了同样的问题，并纷纷表达了羡慕之情。在很多人看来，这实在是一件太难的事情了。

其实，我和妹妹晓晴携手走来，一路上也充满了争执和挣扎。而企业发展至今，家族中下一辈的成员也进入了公司，面对这样的情形，作为企业掌门人的我，如何妥善处理好自己与众多家人的关系，怎样使企业和家族从"家和"走向"兴业"，是否能把企业打造成职业化的家族企业，成为多年来探索与反思的命题。

事实上，在一切单纯美好的和谐关系背后，不存在特别的幸运儿，需要的是煞费苦心的平衡和防微杜渐的维系。创业者对于家庭，不仅需要始终秉持家人间相互珍惜彼此的信念，引领同行者、新生代努力成长，用坦诚的态度化解隔阂，更要坚守原则，尊重商业世界的基本规律，拒绝亲情的绑架，不可因私而废公。

唯有潜心经营，才能滋润人与人之间的关系，细水长流，永不干涸。

"谈钱伤感情，不谈钱伤企业"

有一年的中秋前一天，一位同行好友来看我，我和我先生请他在西湖边桂花树下小酌。他的创业经历与我颇有些相似之处，也是拉着妹妹一起创办公司。酒过三巡，人到微醺，朋友忽而哽咽了，断断续续地述说起自家企业遭遇的困境：身为兄长的他对妹妹十分信任，将企业交由妹妹主理业务，不料却因为矛盾双方出现了重大问题。妹妹离开企业，使得团队动荡，双方家庭出现隔阂。80多岁的母亲忧心忡忡。

恍惚之间，他似乎把我当成了自己的妹妹，拉住我泪流不止。"老妹，你咋就这么不理解哥哥呢？从小到大，不都是我带着你走过来的吗？"他对我说这话时，声音里透着深入骨髓的疲惫和挣扎。

他妹妹也是我的朋友。犹豫良久后，我还是拨通了他妹妹的电话，告诉她哥哥在酒醉中一直都喊着她的名字，我说"也许你们之间有误会"，她在电话的另一头平静地听完，反问我："Happy（我的英文名），你和妹妹同为创业合伙人，她有股份吗？"我冲口回答："有啊，股权很清晰。"她说："我尽心尽力跟着大哥打拼了这么多年，业务都是我管的，团队是我带大的，可我却没有一点公司的股份。如果你是我，会怎么想？我的未来在哪里？"我一时无言以对，默默地挂了电话。

更没想到的是，和朋友的这一次聚会竟成了永别。短短的一年后，正值壮年的他突发疾病离开人世，留下了诸多难以弥补的遗憾。

此事对我触动巨大。

对于一家企业而言，创业者与管理团队产权不清晰是致命的问题。我们放眼望去，在家族成员创业的案例中，产权单一化和团队内部产权不清晰的状况屡见不鲜，这是埋藏着的隐性炸弹。到一定的时候，一个小小的争吵就会暴雷。

许多创业者几乎把全部心思都投入到了企业的经营和市场拓展中，极其重视产品开发、市场拓展、销售增长，却往往对企业产权方面可能存在的问题视而不见。他们常会有这样的心态：创业合伙人都是一家人，何必斤斤计较，家人之间"谈钱太伤感情"。其实，不谈钱会更伤感情，还大伤企业。

家族创业成员内部的产权不清晰，使得一些在创业过程中发挥了重要作用乃至主导企业业务的成员不具有企业的产权。在企业还不大的时候，大家依托亲情关系还可以保持团结一心，但随着企业的发展和财富的积累，家人之间由利益分配不均或者发展观点不一致而引发情感的裂痕，最终使家庭和企业双双出现危机。

很多创业者习惯用情感机制替代制度建设，这是不可取的。物质

层面的公平公正，永远是情感维系的基础保障。

在创业初期，家族成员最好能确定股权比例，明确责权利；随着企业的发展，可以再增资扩股，引进家人以外新的股东。

在创业初期，"一个人的企业"这种单一化产权形式使得企业的经营管理力量更加集中，有利于企业的生存。但是随着企业规模的扩大，进一步发展更需要各种外部力量的支持，这种单一股权模式要逐渐打破。

在静博士，我和妹妹两位创始人不仅从一开始就非常注重产权关系，在弟媳进入公司后，我们又征求了父母的意见，把企业的产权关系进一步清晰，弟弟、弟媳这一脉的产权关系也确定下来。他们虽是小股东，也进行了股权注册。

静博士把"合伙"分成几个层级：创始合伙人、创业合伙人、高级合伙人、一般合伙人、创客。创始合伙人是指原始合伙创业的搭档，而创业合伙人是指在公司成熟后，向对企业发展有贡献的干部开放股份，以上两种都会工商注册。而高级合伙人或一般合伙人即根据职位、贡献、司龄享有公司股权；创客则是一种机制，让员工在平台创业，享受平台和品牌带来的红利，是一种共创共担、共享、共赢的创业机制。

再小的企业都是一个"社会"，要想基业稳固，首先就要在法律层面妥善处理，明确股权，将责任和利益分割清晰。

"清官难断家务事"，是因为家里没有把规则定好，利益机制不明，议事方式不清，外面来的法官当然更断不了那一团"乱麻"，所以对家人合伙创业的企业来说，必须明确合伙人的利益分配机制，核心利益需要法律层面的确定和保障，甚至关于利益的沟通模式也要有规范的形式，这将大幅度地减少发生利益纠纷的概率。

把钱谈清楚，把产权明晰，是家族企业走向美好未来的基石。

从亲情关系上升到商业关系

相较于物质层面的基础，如何解决在精神层面产生的分歧，对于家人合作创业的团队是一个更加艰难的考验。

在一个创业团队中，成员若具有双重身份，彼此间不仅是合作伙伴，而且是难以割舍的家人，那么就必须找到作为合作者存在的价值，相互需要，彼此承担。

这是从亲情关系上升到商业合作关系的更高阶要求，也是无可逃避的更大挑战。

千万别以为合伙创业的成员是家人，天生有着血脉相连，就想当然地认为"万事好商量"，理所当然地能够齐心协力，能够相互理解、包容与谦让。很多时候，亲密的家人关系反而使问题处理起来愈加艰难，更远甚于纯粹的商业伙伴关系。

正因为是家人，"反而难商量"，因为对家人的期望和要求会比一般人更高，更加渴望对方的尊重、珍视与认同，甚至更希望对方有更大的担当，却常常选择性地忽视了商业世界里原有的平等、共担、共享规则。

在现实生活中，我们每个人都是独一无二的个体，经历、个性与认知的差异使得分歧在所难免。有时候，或许只是发现原来自己在家人的眼中不是那么"特别"，也会因为身处与一般人平等的地位而心生不快。对家人的情感需求越高，一旦问题爆发，就越是难以调和。

在这方面，我和妹妹晓晴的创业合作经历就是一个极为典型的案例。

我和妹妹虽在同一个家庭出生，但是性格不同，成长的经历有所差别，对商业的理解程度有深有浅。在企业中，我们两人所担任的职务也不一样，想问题的角度自然也会不一样，创业初期真是争吵不止，矛盾不断，由此也给团队带来了很大的困惑。

从年幼时起，妹妹就一直是跟在我身后的"小尾巴"。家里一共3个孩子，我是长姐，不免要承担更多的家庭责任，年长几岁的我理所当然地充当了妹妹的半个"家长"，习惯了强势的教导和指挥。

这样的相处模式一直延续到了我们长大之后开始共同创业。

我在医院做过党办秘书，又在财经媒体打拼多年，接触过各种类型企业与企业家，对商业规则和社会人情也有所了解。而妹妹则是从医院的医疗岗位直接下海，此前没有任何商业经验，最初只能懵懵懂懂地根据我的安排照做，即便是在企业陷入经营困局时，她也始终相信姐姐能够突破重围。

可是，随着企业的发展和社会阅历的增加，妹妹的个人能力得到了提升，骨子里简单直率而又好强的个性开始迸发出来。我欣喜于她的成长，同时也发现她变得越来越喜欢跟自己唱"反调"了。大到企业的战略方向、年度目标，小到绩效改革、福利措施、人员任用，我们都时常无法达成共识。到了后来，在公司具体的事务判断上，我们也出现了巨大的分歧。妹妹会义愤填膺地控诉我强势，说："我就是不满，明明是我在负责这个板块，凭什么不给我主导的权力？"我则愠怒于妹妹格局不够，说："晓晴，这是企业战略，请你用更高更远的视角去考量今天的决策，不要单点思考。"

我开始不由自主地陷入了矛盾的螺旋：一方面，在企业我是董事长，需要应对种种来自外界与内部的压力，觉得妹妹作为创业合伙人应该更多的分担，应当拥有更高的社会视野与行业格局，不应该用屁股决定脑袋。我担忧她的见识和能力会跟不上企业发展的步伐，于是督促她抓紧学习、快速成长，无形中给她造成了巨大的压力。另一方面，一直以来我身为长姐，早已习惯了妹妹在家庭和公司里对自己顺从，因而对妹妹提出反对声音视为不听话，觉得她自以为是，不自觉地反感妹妹的"失控"。

我和妹妹都希望能把企业做好，都投入了巨大的热情，呕心沥血，遇事便更为较真。但迥异的性格使我们时常难以达成一致的意见，尤其是在妹妹独立主管一块业务时，矛盾更是尤为突出。一直以来，妹妹都是个"细节皇后"，做事认真细致，常常把关注的焦点落在细节上。妹妹认为"没有细节哪有未来"，细节决定成败；而我则认为"没有战略就没有未来"，不谋全局如何谋一域。到后来，仿佛每次我抛出创新发展的提议，她都要发表反对意见，从外看是不同角度的建议，从内看却是一种深深的抵触。

在矛盾升级的2014年，我和妹妹冲突不断，日复一日地在互相消耗中度过。我们私下吵，开会也吵，甚至情绪化地对抗，影响了很多事情的正常推进。

在很长一段时间里，我反复地扪心自问：在我们姐妹之间到底出了什么问题？为什么企业在发展，我和妹妹的关系却反而变得疏离？为什么我总是不耐烦，无法冷静地以平等的商业合作伙伴关系来看待妹妹呢？如果我们不是姐妹，也会这样争吵吗？

事实上，我们都陷入了双重身份所带来的亲情谜团。

在潜意识中，我始终认为：从小到大都是我带着妹妹走过来的，也是我拽着妹妹的手离开公立医院，投身创业，把她从一个丝毫不懂商业的小女孩推进商业舞台。她怎么能长了几根羽毛就翅膀硬了，不听我的话了呢？我对妹妹说："在公司，你是我的合伙人，不是妹妹的身份，要有组织程序。"可实际上我自己也是在亲情谜团中打转。

而妹妹的想法却是"姐姐，我有我的想法，为什么要听你的，难道你都对吗？"也许，在我们的内心深处还有另一种声音：我们都是公司的原始股东，是亲姐妹，吵了又怎样？

我们对这种商业的合作关系，缺乏起码的敬畏感。

这样的亲情谜团，又何止是我和妹妹一度在其中迷失？那些最终分道扬镳的家族合伙人，不是迷失在产权不清上，就是迷失在情感的谜团中，渐渐忘了创业的初心。

企业是一个社会组织，其运作必须遵循清晰的商业逻辑。企业经营目标需要组织中的每个成员根据自身岗位去实现，因此企业才要有统一的规章制度和明确的奖惩机制来规范全体员工的行为，而每一个创业合伙人也必然有各自的职责和担当。

但是，当亲情这一因素介入其中时，企业规则的约束力便会大大降低，乃至彻底丧失原有的作用。我和妹妹双方都在亲情关系上陷入了怪圈，原地打转，思考问题时往往以情感代替规则，行事自然处处掣肘，剪不断，理还乱。**而这样的迷局不破，企业就不会有未来。**

无论是在美容行业，还是在其他行业，家人合伙共创辉煌却最终分道扬镳的"豪门故事"数不胜数，有的在矛盾深化后甚至彼此视若仇敌，已无半分情义，最终下套逼宫、变卖产业，闹出在公众层面上互相攻讦的戏码，远比一般创业团队的分裂更加血腥与不堪。

当我们同时拥有着"家人"和"企业经营者"的双重身份时，若无法在两者之间自由转圜，就不免会有意识或者无意识地用亲情绑架，**在冷漠的商业规则前要求亲情的温暖，在温馨的家庭中思量企业的得失，不能时刻摆正自己的位置，在家庭与商业的交错间破坏了平衡。**

创业者若一味地对亲情妥协，就有可能会使珍贵的感情沦为破坏商业原则和践踏利益底线的工具；若恪守商业逻辑而漠视对方的情感需求，就会使战火从企业烧到家庭，造成众叛亲离的悲剧。

而要克服这样的难题，要时间，也要智慧，更要局中人的格局和情怀。

首先，**必须正视引发矛盾的源头，明确不同场合下的议事规则，在企业中建立规范的决策机制。**

为此，我们在公司详细制定了董事会会议、EMT（executive management team，经营管理团队）会议的工作职能和会议纪律，使不同重要程度的事项能够在不同级别的会议上展开有效的讨论，要求与会成员不带情绪、敢于当责、共同决策，而不是像在家庭会议中那样无所顾忌。决策时也遵循民主集中原则，各方意见都能充分表达，最后由董事长拍板。

其次，**充分坦诚的沟通，敞开心扉说出自己的观点，并在沟通过程中时刻抱有同理心。**要进行这样的沟通是一项长期且艰巨的任务，常常伴随着挣扎的泪水和出乎意料的痛楚，却是一件不得不做的事情，只有坚持才能击穿抗拒的壁垒。合伙人，可以明确每月必须沟通的次数和表达的方式。

最后，也是最重要的一点是，要有**共同目标**。只有心系同一个梦想，在大的前进方向上具有共识，才能并肩携手，一路同行。即使过程中产生矛盾，也能求同存异，以各自不同的方式去努力。

在长达10余年的创业历程中，尤其是近几年，我感受到最好的团队是互补型的团队，在性格和能力上能够充分互补，合伙人团队也一样。我和妹妹各有所长，她并不适合独当一面的工作，但非常合适辅佐，于是在岗位上做了调整，矛盾大幅度下降。另外，我"大"她"小"，很大程度上相互补台，避免企业行差踏错。姐妹原本就有着很深的情感依赖，相互理解了，心就顺了。心顺了，很多事情也就顺了。

这辈子做了家人，还做了事业上的战友，更要珍惜。因为珍惜，所以约束；因为敬畏，所以慎言。

当拥有共同的梦想，又有血浓于水的家庭基石，因而争吵的范畴便能控制在执行和操作层面，不难通过试错和验证得出结论，而不影响大局。

在10余年携手创业中，我更是深深地感悟到"姐妹同心，其利断金"，也能理解西方一些家族企业可以延绵上百年乃至几百年，正是因为在家人之间，本身就存在着亲情与血缘关系的牢固纽带，远比一般的关系更加紧密与坚韧，更容易相互信任与依赖，"上阵父子兵，打仗亲兄弟"。尤其是在企业从初创一步步迈向成熟的过程中，拥有家人关系的合作伙伴能够不畏艰险，无论在物质层面还是精神层面都能互相支持，不计较得失，往往比较容易获得成功。

我认为，小家创业，家人合伙并没有什么大问题，关键是如何打造职业化的家族企业。

整个家庭的同频共振

直面矛盾，化解分歧

家庭与企业的部分重叠，必然会在一定程度上打破原本的平衡关系，很容易滋生管理矛盾和家庭矛盾。解决方法就是直面矛盾，从根上化解。

2011年，我先生离开媒体进入了静博士。对于和先生共事，起初我的心里颇有些不情愿，觉得两口子天天在一起不免会减少"距离美"。但转念细思，静博士是一家女性化色彩过于浓厚的企业，想进一步发展，也确实需要增加一些男性思维，况且我先生加入也有助于企业拓展社会关系。他有博士学历，还是一家大学的客座教授，性格与我和妹妹晓晴都很不同，工作作风更偏向于研究型，凡事讲究科学依据和量化分析，在随后的企业互联网转型升级方面，他起到了巨大的助推作用。

　　和先生共事，我慢慢悟出了一些道理：求同存异，互相尊重；不和男人比智商，不和男人比数学，不然女人不是发飙就是发疯；在男人较真的时候，就避开锋芒用点情商；在面临非常麻烦的事情，男人一般都不愿意主动面对，女人就要展示"逆商"；工作上分工清晰，责权清晰；生活上相互包容，别太在乎对错。

　　不管是工作还是生活，有一句话很值得引起重视：**你太对了，我不跟你干了；你太对了，我不跟你过了**。要记得"在一起到底是为了什么"，我们一定不是为了论对错而来的。

　　其实，男女性格不同，视角不同，互相补位，还是可以相得益彰的，双方的能力和作用都能显示出来。

　　家人是每个人最大的信任和依靠。在创业初期，不具有太多社会资源的情况下，家族成员便成为最重要的助力。而企业发展壮大，也给更多的家族成员提供施展才华的机会。这会对企业管理和家族文化提出更大的挑战，所以有的创业者干脆拒绝家人在企业中任职，但我们选择了欢迎并接纳下一代家族成员进入。

　　从我和妹妹两人合伙创业，到丈夫、弟媳以及从美国留学归来的儿子等陆续加入团队，我们在组织设计上尽可能做到：守望相助，有分有合。这样既可以减少矛盾，又能够相互支持。

　　家人分别在两家公司担职，女人们在静博士科技美容公司，以服务深耕客户，为行业服务提供样板。我先生和儿子则在AIWO互联网产业平台，用男性思维去研究算法、大数据和智能化，用创新引领美业。业务相对独立，各自为结果负责，又相互扶持，携手同行。到目前为止，这些家庭成员，都在各自的岗位上给企业带来了发展的力量。

作为一个家族企业的掌门人，我还要关注家庭成员的成长和家人关系的维系。在企业中就职的家人，常常会把亲情关系带到职场，有时候说话就会不分场合或者任性；有时候，还会将职场关系带入家庭生活中，即使是不在企就职的家族成员，也难免被影响、被波及、被裹挟。

如何遵守企业规则，如何经营家族感情，如何让没有进入企业的家人能够理解企业经营，让家庭尽可能同频共振，这是每一位在企的家庭成员都要共同去思考和维护的。

我的弟弟便是一个很好的案例。

弟弟的性情、理想与生活理念都与创业的姐姐们不同，更愿意在人民警察的岗位上踏实努力地工作。但当姐姐、姐夫乃至自己的妻子都在家族企业中日夜忙碌、拼搏，甚至连逢年过节的聚会上也总在谈论企业事务的时候，他难免会感到自己被排挤在了圈子外面。弟媳的事业心很强，常常加班加点，甚至周末也不能陪伴弟弟和照顾孩子，如此一来，夫妻交流的机会渐少，弟弟又不得不肩负起更多的家庭责任和教育孩子的重担，这些压力便逐渐转变为了对家族企业的抵触。

在相当长的一段时间里，弟弟都不愿听我们谈论企业状况，不愿意参加企业活动，甚至大家在饭桌上提起"静博士"三个字，他都会很反感。

为了化解弟弟心中的抵触情绪，我决定直面矛盾。在整整一个月时间里，不管工作有多忙，我都坚持在每天临睡前给弟弟微信留言，告诉他今天企业里发生了什么事，我们做了怎样的工作，弟媳又取得了什么成绩……如此一点一滴地加深弟弟对企业的认知，使他能够逐步融入企业的场景中，获得过去不曾有的参与感，让他逐渐感同身受。有时候是大段的留言，有时候是拍照或视频随时传递，当慢慢了解到亲人们在创业战场上的困苦与迷惑，弟弟开始设身处地地体会到妻子在工作中的艰辛与不易，真切地感受到姐姐们的创业精神。有时候我也会请他提提意见，他的很多建议都非常到位。慢慢地，弟弟的态度就逐渐改变了，并成为一股积极的推动力。

人与人之间，沟通才能加深理解，情感互动才能获取支持。若不能搭建并维护好心灵的桥梁，便有可能使自己成为一座孤岛。

创业者的时间和精力更多会被工作挤占，日常处理公司事务就已经焦头烂额，往往无暇顾及家庭"内部问题"，而这些看似不起眼的小问题，却经常是酝酿出洪水猛兽的源头。如果再遭遇事业困境，创业者的焦虑、烦躁情绪更有可能会激化家庭矛盾，恶性循环之下，事业和家庭都在泥潭里越陷越深。

有的创业者打拼多年之后，不但事业未成，回过头来更发现竟已妻离子散、兄弟反目、父母疏远，只能独自苦涩地咽下在创业过程中忽视家庭关系的恶果。

儒家经典中将一个人自我修炼的过程总结为"修身齐家治国平天下"，若想兼济天下，就必须要先"修身"管理好自己，然后是"齐家"，管理家庭和平衡好家族关系，最后才能"治国平天下"，这很值得创业者们学习。

对于一个心怀梦想的创业者而言，家是漫长征程的起点，是不可或缺的动力源泉，是创业者的坚实后盾。尤其对家族企业的掌舵者来说，唯有让家人认识和理解企业的目标和理想，协调好个人诉求和家族整体利益的冲突，在企业与家族的融合中找到新的平衡点，才能给整个家族带来满满的正能量。

家人要分清"规则"

几年前的一个下午，我与先生一起在法国南部的格拉斯小镇参观了世界骨灰级香水品牌花宫娜的香水博物馆。

古朴的19世纪铜制香水过滤装置，乃至各个时代的香水瓶、香袋、香炉，使我们对这个拥有300多年历史的品牌产生了浓厚的兴趣。尤其是步入花宫娜家族老屋，便时时刻刻都能从中感受到其源远流长的家族文化，令人印象深刻。

在屋内一面墙上，贴满了历代花宫娜家族成员的照片，有彩照也有黑白照。张张笑脸清晰地勾勒出了这个代代传承的家族品牌在时光长河中起起伏伏的发展历程，使人仿佛在凝视掌心或深或浅的纹路，真真切切地感受到一代又一代亲人间的血脉相连和积极正向的家族精神，并点点滴滴地灌注于事业中。

走出香水博物馆，已近傍晚，小镇宁静又温馨，我的心情就如当时的节气"温暖如春，花开满园"。这个家族品牌轻而易举地就征服了我们，也征服了其他参观者的心，直教人心生感动与神往。

做企业难，做百年企业更难，而要做一家百年不衰的家族企业更是难上加难。

花宫娜品牌的300年延续，是商业成功的奇迹。而花宫娜创始人家族在这300年间开枝散叶，人才辈出，不仅推动自家企业的良性发展，还为全球家族企业的良性经营提供了很好的样板。

放眼全球，像罗斯柴尔德家族、洛克菲勒家族、沃尔顿家族都经历数代而不倒，在历史的长河中经受了时间的考验。

家族企业是世界上最具普遍意义的企业组织形态，在作为新兴经济体的中国更为常见。据和讯网报道，2020年上半年IPO上市的117家A股公司，超过60家上市公司由家族成员所控制，占总数一半以上。

但与此同时，家族企业的持续健康发展始终面临着严峻的挑战，是一个世界性的难题。

麦肯锡的一项调查表明，在全球范围内家族企业的平均寿命为24年，其中大约只有30%能延续到第二代，传至第三代的比例少于

13%，能在三代以后还继续为股东创造价值的仅剩下5%。"富不过三代"的千年魔咒至今未解。

而在中国，能够活过百年的家族企业可谓屈指可数，这不仅与我国的历史、社会因素相关，更深受家族企业这一企业组织形态固有的弊端影响。

第一，在家族企业内部由于复杂的亲情关系，更容易形成各种各样的利益集团，使管理者在执行规章制度和处理利益关系时陷入两难的境地，从而造成组织机制障碍；

第二，家族成员占据了企业中的重要管理岗位和绝大多数股权，使得外来的社会精英难以进入企业决策核心，形成人力资源上的瓶颈；

第三，当家族与企业融为一体时，管理者在企业的经营决策中，难免要兼顾家族中各个成员的利益和情感，难以科学决策。

这都是家族企业创业者所必须面对和克服的难题。

反思自身，在我的脑海中，也时常浮现出一些看似自然、实则充满了不协调的场景和话语：

在办公室里，我和妹妹吵得不可开交。在家庭聚会的时候，弟弟喝了酒，微醺地对弟媳说："你是我媳妇，没必要这么拼命，别人不敢对你怎么样。"在一次需要做出重大决策的会议中，我先生对我说："因为你是我老婆，所以这件事我不建议你做。"父母语重心长地说："你们是姐妹创业，企业做大做小不重要，赚钱多少也不重要，姐妹感情最重要。"

这些话在初听的时候貌似都没有错，但是如果场合不对，就混淆了。家庭环境和企业环境是有所区别的。家是充满了温情并能让人放松舒心的地方，家庭环境使家人可以充分地表达自我，珍惜彼此。而企业却是严肃的商业环境，企业有战略、有目标、有制度，更有明确的法人管理结构，要求每个成员遵守既定的规则。

一位企业家朋友感叹他的儿子已接任CEO的位置，业务能力非常强，但是常常迟到，开会总要大家等他，而且儿子对此没有一点内疚感。这看似是一件小事，实际上却折射出了家族成员对企业规则的漠视，老板的儿子没能清晰地认知到自己也是企业的一员。

读村上春树的《挪威的森林》时，其中有一个观点令我感触极深：**人要有清晰的界域意识，在社会领域理当使用权力规则，而在私人领域应该使用珍惜规则。**

这或许也是破除家族企业弊病的良方。

当身处家庭环境中，我们可以放下岗位，放下职责，也放下包袱，运用珍惜规则。亲人之间不分贵贱，不讲权力高低，不讲财富多少，不讲名誉大小，只讲对亲人的付出、对家庭的贡献。人人都应尊长爱幼，兄弟姐妹之间平等共处，相互尊重，欣赏对方的长处，包容各自的差异，共同塑造良好的家风，并有义务传承家族精神和维护家族荣誉。

而到了企业环境中，就要用"权力规则"，尊重客观的商业逻辑。企业是有层级的，是有规则制度的，在什么岗位就要做出对应的决策，承担对应的责任。终要有人决策拍板，有人听从执行，明白什么事是应该做的，什么事是绝对不能碰的；什么钱是可以分的，什么钱是要用于企业发展和员工福利的。大家各有各的界域，各有各的担当，同时伸手助推对方，把事情做成。

于是我渐渐明白，家人更不能"任性"，在什么场合说什么话，不要颠倒秩序，混淆了环境。企业和家庭是不同的场景，人是环境的动物，因环境而适当改变其实是可以做到的。

我要求在企工作的家族成员都正视自己的职业身份，从来不会因为他们是我的亲人而在工作中给予特权。年轻的家族成员在企业中一样要接受考评，在职位晋升时与所有员工一样竞聘演讲，民主投票，能力与岗位匹配，从来不会在不考虑实际才干的情况下就破格录用亲朋好友，更不会因为自己或其他家族成员的个人因素而盲目决策。

家族企业的存在给亲人们提供了一个良好的平台和更多的机遇，但绝不会成为家族成员安逸、怠惰的温床和追逐个人利益的捷径。

"我们要做一家基业长青的家族企业"，我也经常以这个理想与家人们互勉。

每一段关系都要刷到存在感

近年来，我开始学习心理学。有一次，在和一位心理学老师的闲聊中，我谈及了创业姐妹相处的不易。他以心理学的角度分析并宽慰我："你是姐姐，也是董事长，因此无论在家庭的位置还是企业的位置，都会习惯用进攻型思维去思考问题，只要看到机会就要往前冲；而你妹妹就是典型的防御型思维，她身处在能干而强势的姐姐后面，觉得自己的存在价值就是'反对'，只有提出不同的意见，才能让你和大家感受到她的存在感。其实这样很好，你们性格互补，想问题就会更全面，企业主要领导者之间的差异性是很有价值的，只要保持在一定的程度内即可。"

这段话令我思考良久，一些长久以来的困惑与不解竟豁然开朗。原来，我和妹妹的相互较劲，在扑朔迷离的亲情拉扯背后还隐藏着更深层次的心理原因。

戴尔·卡耐基在《人性的弱点》一书中引用美国心理学之父威廉·詹姆斯的名言"人类天性至深的本质，就是渴求为人所重视"，并且着重指出"不是希望，而是'渴求'被人所重视"，以此表明人们对于被他人重视的迫切性。

人类是一种生活在社会中的群体生物，不能独自存活，与生俱来需要族群的庇护和关系的滋润，需要通过他人的认可来证明自身的价值，而孤独感则会使人充满焦虑、恐慌与不安；同时每一个人又是独立存在的个体，都有自我表达的需求，都希望能活出自我，成为最好的自己。

从深层次而言，一个人"存在"的意义高于一切荣辱得失。无论是好的感观还是坏的感观，都要优于没有感观；不管是让大家喜欢还是讨厌，都要强过没有印象。

从泯然于众到渴望被重视，人们便是在人性的基本动力驱使下，不断地刷着自己的存在感。

由此看来，我和妹妹的诸多矛盾，又何尝不是在企业中刷各自的存在感呢？亲人合伙创业，从"我"走向"我们"，从"小家"走向"大家"，每一个人都想在更广阔的范围里找到属于自己的价值。

再来思考，夫妻争吵、同事辩论、客户投诉、党派争斗等，是否都在刷存在感？放眼望去，无论是夫妻关系、合作关系、朋友关系还是上下级关系，**每一段和谐的关系，都需要刷到存在感。**

正是从那时候起，我打从心底里不再抗拒妹妹的言行，开始非常真诚地表达我对她的需要，以及整个企业对她的需要，我们曾经凭借着一股韧劲攻克了许多难关，更长的路还在后面，需要她发挥自身长处，同时要进一步提高商业视野。我和她商量，让她担任企业很重要的岗位"监事长"，这个岗位非常合适她的特长和个性，另外在业务上辅助我管理，抽出时间去读浙江大学读EMBA（高级管理人员工商管理硕士）和复旦大学医疗总裁班，并参加各种行业的学习会。

每次她学习回来有所感触的时候，我们就会深入沟通，慢慢地达成共识。我们不仅仅是姐妹，更是企业的合伙人，要从家人的角色上升到商业合作关系，有共同目标，秉承相同的价值观，各自承担责任和压力。

近些年来，妹妹表现出的进步令我欣慰不已。她会反省："其实观点差异是很正常的，而不带情绪化的沟通是关键。过去，我的表达常常太自我和情绪化。"她变得越来越关心行业趋势，能够敏锐地感知外界环境的变化，每次外出归来都会找我聊一聊公司还有什么发展机会。

我认为创业合伙人之间的关系是活的，是需要不断经营，主要从三个方面考虑：

一、创业合伙人之间的关系，需要长期磨合。即便创业伙伴是再熟悉不过的亲人，也是如此。在工作和生活中，需要不断碰撞，不断调整，不断自我检讨，然后不断修正。

二、创业合伙人之间的关系，需要持续进化。企业的经营和发展是个动态的过程，这就使创业合伙人之间的关系也会随之不断进化，权利、利益、荣誉等也要随之变化。

三、创业合伙人之间的关系，重组也属正常。企业在优胜劣汰，人更是如此，实在跟不上，正确面对，妥善解决。

孩子教育，家与业之间的头号难题

不是你疯了，就是我疯了

"你儿子这样下去，他就毁了！你以为一个女人有事业就行了？孩子才是未来！"

当你拖着疲惫不堪的身体，内心忐忑地来到孩子老师的办公室，却听到老师狠狠地如此断言时，你会是何种心情？

在我创业碰到瓶颈的时候，儿子迷上电脑游戏，当时我一筹莫展。

孩子的教育往往夹在家庭与事业中间，如何破局，一直是创业者面临的难题，尤其对女性创业者而言更是如此。

创业者需要付出比一般员工多得多的时间与精力；而为人父母，对孩子的培养需要很多工夫，陪伴必不可少。作业辅导、人格培养、习惯爱好、生活细节，现代"神兽"没有一件是让家长省心的。

事业还是教育，仿佛注定是一个需要"二选一"的不可调和的矛盾。即便是被称为"有史以来最有影响力的思想者、创造者和企业家"的乔布斯先生，他与长女丽莎之间横亘多年的隔阂，也成了其最为人所诟病的人生遗憾。

创业者们在面对子女的教育问题时常会犯下两种糟糕的错误：

其一，全身心地投入创业，却对孩子漠不关心，尤其是一些不善于表达感情的创业者，更喜欢用"我真的很忙"作为自己对孩子缺乏关怀的借口；

其二，为了弥补自己在情感和精力上对孩子的亏欠，毫无原则地满足孩子在物质上的要求，而没有为孩子传达理性的财富观和价值观。

这样的行为，使孩子从小生活在缺乏情感依赖却又物质条件丰富的环境下，无疑对孩子的成长是不利的，因为他们失去了"奋斗的意义"，而这种意义是人生美好的体验。社会上之所以会有部分"富二代"出现骄横跋扈、纨绔败家的种种传说，大多都与"创一代"的教育缺失有关。

一位著名的企业家在一次聚会上表达了对女儿的不满："你们说说看，她已经有了3辆500万元以上的汽车，现在还要买第4辆。"我想，也许作为父母更应该反思。

我的儿子在初中时期也被全年级的老师公认为"问题学生"。临近中考，他迷上了电玩。每到夜深人静，趁着我们熟睡之际，他就悄无声息地钻进书房，玩游戏玩到天蒙蒙亮，再潜回二楼睡觉。我软硬兼施，用尽了各种方法，都不见成效。即便是在盛怒之下把游戏机从楼上摔下去，过不了几天，就发现粉身碎骨的游戏机又修修补补地回来了。

在学校里，儿子经常不做作业，刚开始时对老师说是把作业落在了家里，可几次下来各科老师都知道了他在撒谎。而一下课，他就完全沉浸到了游戏世界里，也从来不参与户外运动，身高1.81米的男孩体重却高达190斤，是个十足的大胖子。如此一来，别说文化课的成绩堪忧，怕是连中考体育测试这一关也过不了。

在那段时间里，每次只要手机铃声响起，一看是学校老师打来的，我和丈夫就头皮发麻，甚至有些不知所措。孩子的班主任屡次把我请去"谈话"，甚至把矛头指向了家长疏于管教，斩钉截铁地劝说："如果我是你，我一定会为了儿子放弃事业的。"

她话落，我泪崩，孩子是娘的心头肉，怎会不放在心上？但是一个行至半途的创业者，又如何退？

当时，正值静博士面临困境的危急关头，公司里各类问题接连爆发，我分身乏术，日常与儿子进行深度沟通的机会很少。面对老师们苦口婆心的规劝，在某些时刻，我真的考虑过要丢掉企业这个烂摊子，一心一意当好妈妈的角色。

可是，一个已有200多个员工的公司，真的是说散就能散的吗？老师们或许根本无法理解一个中年创业女性的煎熬：如果公司关门大吉，我该如何向员工和客户交代，难道让那些不远千里而来的小伙伴散伙，让信赖我们的会员退卡？我不只是一个孩子的母亲，还是200多名员工的老板，有重任在肩，岂能轻言放弃？面对困难就半途而废，这岂是一个明智的选择，如何能成为孩子的榜样？等有一天年迈的我回首往事，又会不会深深遗憾……

更何况，这真的有助于孩子的成长吗？

最后，在孩子班主任的支持下，我们夫妻狠下心来使出了"置之死地而后生"的绝招：在离中考前43天的晚上，我们把孩子的课本和习题试卷一股脑儿地全搬到了家门口的大树底下，问他："儿子，你到底还想不想读书？如果确定不想读了，我们就把这些书烧了，明天你跟着爸妈去打工！"

儿子倔强而又自信地说："不读了，我就是每天打工、玩游戏，照样也能考上杭州排名前三的高中。"我们一把火烧了卷子、课本，烧到语文书的时候，孩子还过来用脚踢了两下。

第二天一早，儿子主动背上双肩包，里面放着游戏机，兴冲冲地对我说："妈，我跟你打工去！"

"你去跟老师们告个别吧。"所有任课老师齐聚一堂，有劝的，有骂的，也有哄的，可儿子就是一声不吭。直到一位数学老师用不屑的语调说："哼，你这个样子能考上杭州的'前三所'，我一个全国特级教师就把名字倒着写！"

儿子从小要强，这个激将法最有效，他马上响亮的回答："行，我就考一个给你们看看！"他跑过来跟我商量："老妈，我暂时不去公司打工，先参加中考。"

经过40多天的绝地反击，结果儿子以恰好高出一分的成绩考入了杭州最优秀的高中之一——浙江省杭州第二中学。

当天接到各位老师的贺电，我不禁泪流满面。我对老师们怀有深深的感谢，更对用激将法的数学老师感恩备至。在儿子的毕业典礼上，家长坐在后排，前面坐着风华正茂、意气风发的少年们，我止不住泪流满面，引来了很多不解的眼神。

是啊，又有谁能在此时此刻理解一位创业妈妈的心情呢？

这段经历让我重新深刻地反思自己的事业与孩子教育的关系。

绝大多数的孩子在生活或是学业中遇到障碍，其实并非天资不足，而是因为缺少正确的关怀、引导与鼓励。尤其是处于叛逆期的青少年往往个性强烈，以自我为中心，抗拒家长和老师的过度管控，而又缺乏自我控制和自我激励的能力。

由此，因自身工作繁忙而把孩子全然交托给学校的老师，放任自流，固然是不可取的；而放弃事业把精力全都投入在对孩子的监督、教导上，这样的做法也未必可取，有时候反而会激发孩子的逆反心理。

我的儿子从小就是一个学习力很强但自律能力不足的孩子，在叛逆期中表现出过分骄傲、莽撞的特征，所以正向的鼓励只会让他更自大，严厉的管教又会有强烈的抵触情绪，反而是适度的挫折，能够激发他不服输的劲头。

这一判断在他的成长经历中不断得到印证：在进入杭二中的第一场摸底考试成绩垫底后，来自同桌中考状元对他的一句评价"凡人的智慧"，令他大受打击，从此发愤图强；在以优异的成绩申请美国名校的过程中，由于在个人陈述中犯了语法错误，而被报考的8所大学一一拒签，遭遇"滑铁卢"的他知耻而后勇，到复旦大学旁听半年后，顺利考取美国名校，在4年多时间里获得了4个本科学位。

在这一路中，我也逐渐摸索着找到了工作和孩子教育之间的平衡点，其实这并不是一道非此即彼的单选题。

请他看，给他爱，让他飞。作为创业者，我没有太多的时间陪伴孩子，但是，考察的时候带上他，出国的时候一起去，甚至讨论企业问题，我也听听他的意见；员工团建和培训，叫上孩子一起参与进来。

记得我们组织了一次员工活动，规则是不讲话给对面的伙伴喂食，以提升同理心。儿子喜欢吃肉，就给对面的女孩喂肉。对面的女孩喜欢吃辣，就根据自己的喜好给我儿子吃辣。两个人都痛苦不堪。活动结束，儿子对我说："这个活动挺有意思的，我明白了，不能根据自己的喜好去想当然地理解对方。"

还有一次报数活动，他嘻嘻哈哈地参与进来，连错3次，老师罚他所在队的队长做仰卧起坐，每错一次翻一倍。当看到队长支撑不住的时候，他冲上前对老师说："我犯的错，自己承担。"老师大喝一声："你承担得了吗？"又对大家说："试想，今天因为你在工作中的疏忽，一把大火烧了门店，你承担得了吗？一个不合格的员工犯了错，结果都是由你们的老板和领导承担着。"那一天他沉默了很久。

其实孩子是具有独立人格和思考能力的个体，并不一定要父母手牵着手，才能走好成长的道路。在可控的范围内，给孩子留下自由的时间和空间，并不是坏事，更能促使孩子更好地成长。我们需要做的是，**更多地向孩子展示世界的广博与未知，自己为孩子树立榜样，促使他开阔视野，为自己的理想去奋斗。**

面对从美国归来、看惯了繁华景象的儿子，我和先生没有让他立即在城市找工作，而是支持他去农村当了村干部，到广阔的乡间田野里去磨砺身心。半年后，又让他去体验为期两个月的全职志愿者生活。在孩子的心里慢慢注入一缕家国情怀，他的心智也渐渐成熟。

有一天，我不经意地问儿子："如果当初妈妈为你放弃事业，你觉得怎么样？"

他沉默了片刻回答："老妈，那不是你疯了就是我疯了。"

留给孩子精神和梦想

每个父母都会对自己的孩子抱有极大的期许。

而对于绝大多数创业者来说，最希望的当然是孩子能够继承自己亲手缔造的企业，将自己的事业代代传承。因此，他们在孩子的成长过程中给予过大的压力，并一厢情愿地反复灌输"既定的使命"，却常常忘了问一问孩子："这真的是你想要的吗？"

讲真的，我从来都没有想过一定要把儿子当作企业的接班人来培养。我一直尊重他的择业选择，更是从内心深处认为企业要有传承的准则：不一定传给家人，而是传给价值观正的能人；不是传给一个人，而是传给一个核心团队。

把自己的事业强加给子女，显然并不是一个最优解，企业必须交给有能力又对企业真正有责任心和使命感的人。如果孩子能够承担，当然是一件好事，这就要看他们的兴趣和志向。

儿子小时候的理想是在高等学府做个教授。在美国上大学期间，他选择攻读的则是经济学、国际关系学和人类学三个学科。从美国归来，他在北京、上海和杭州本地经过多次面试后，收到了不少来自大企业的offer（录用通知），却没有特别心仪的岗位，正举棋不定。

我让他广泛选择后再找他聊天，看看儿子是否对创业有兴趣。我给他描绘了未来中国巨大的蓝领市场和大健康产业前所未有的发展机遇，我说："儿子，老妈也给你发一个offer吧。中国美业缺少好的教育，也没有正规的学校，如果能办成一家美业的'黄埔军校'，既为行业培养和输送人才，也解决了一部分学历水平不高的年轻人的就业问题，这是一件非常有意义的事情，你有没有兴趣？"

他思考再三后，收下了这个"offer"。在此后的一年半里，他对接了许多大专院校的贫困学生，又推动了与全国各地几十家职业学院的合作，开通了学历提升班，通过联合办学让员工边工作边拿大学文凭。从美容学校校长到分公司负责人、中台的营销部长，再到现在AIWO互联网平台的核心骨干，他很努力，一步步踏踏实实地成长起来，也赢得了团队的认可。作为妈妈的我，内心是欣慰的。

有一天我夸了他几句，他笑着回答："老妈老爸，你们这么拼搏，我敢懈怠吗？你们活得很精彩，我岂能很平淡，总不能一代不如一代喽？"

原生家庭的环境，在无形中会影响孩子的一生。

心理学家武志红接受记者采访时说："我之所以不自卑，是因为父母最初对我的积极期待让我有了基本的自信。"而这种自信往往会在人生的关键时刻爆发出力量。

在这些年创业的许多时刻，我总是不由自主地想起父母对我的影响。

在企业陷入困境几乎走投无路时，我会想起母亲毫不犹豫地跳进寒冬腊月的池塘冰水中，救起失足落水的妹妹时坚强、勇敢的神情；想起她为了我转校守候在城镇中学门口，等待进出的老师向他们"推销"自己的女儿，最终使我奇迹般地从农村转学到城里的事迹，从她的身上汲取坚毅、果敢、永不气馁和主动创造机会的勇气和精神；也会想起小时候父亲在夏日午后的暴雨中，教我该如何细心地观察生活的画面，去一步步分析和解决遇到的问题，以及他满怀向往地对我们诉说梦想的那些话语，试图从平凡的时光中体会出生命的美好。

现在每次回家，我都能感受到洋溢在父母身上的幸福感。他们都已年过七旬，但身体健康，开心快乐。二老每天打太极，我母亲还是受"拳友"欢迎的太极队队长，也是老年旗袍模特队的主力，每每谈及儿女和孙辈们，总是笑声朗朗，显得特别自豪。他们总是说："我们身体健康就是对子女最大的支持。"

我相信，是母亲教会了我坚强，是父亲给了我梦想，他们还给了我一份特别的礼物，那就是"乐观"。由此，我常常思考，创业者留给孩子的到底是什么？

记得民族英雄林则徐曾经说过："子孙若如我，留钱做什么？子孙不如我，留钱做什么？"他的意思再明白不过了，不要给子孙后代留太多财产。清末有两个大富豪，一个是胡雪岩，一个是盛宣怀。胡雪岩晚年破产以后，盛宣怀成为当时的首富，他死后留给子女的资产高达几千万两白银。他的儿子盛恩颐一个晚上输掉上海100栋楼房，最后把家产全部败光。

能够真正代代传承的，从来不是单纯的物质财富与企业躯壳，而是精神和梦想，还有处世哲学。

曾国藩说："儿子若贤，则不靠宦囊，亦能自觅衣饭；儿子若不肖，则多积一钱，渠将多造一孽，后来淫佚作恶，必且大玷家声。"200多年来，曾国藩的家族后裔有成就的多达200余人，大多成为学术、科技、文化领域的精英，繁盛绵延10余代。

我想，这些历史人物身上的故事都可以给人启迪。而我们最终能够给儿子留下的最宝贵的东西，也绝不仅仅是财富。**能够真正代代传承的，从来不是单纯的物质财富与企业躯壳，而是精神和梦想，还有处世哲学。**

04

企业和员工的关系：
相互成就，实现价值

————

　　员工为什么来企业？不是为了企业漂亮的财务报表来的，他有自己的追求，希望在企业舞台实现自身价值。企业不是榨取员工的剩余价值，而是赢得员工成长带来的红利。这是企业和员工最底层的逻辑关系。企业和员工的关系是一种相互成就的关系。要实现这一目标，就必须以信任为纽带，以梦想为指引，树立正确的企业价值观，致力于长期主义，培养企业与员工的情感，带领员工与企业共同成长，让员工在企业这一平台上看到光芒万丈的自己。

————

缔结信任的纽带

讲企业经营理念讲到你吐
信任的基础是安全感
村里来了二十几个姑娘

梦想是统一目标的指明灯

钱不是欲望，而是希望
员工的梦想是要被管理的
用大梦想链接高管

让企业成为员工实现价值的舞台

干部是打造出来的
企业打开事业的边界
员工看到光芒万丈的自己

缔结信任的纽带

讲企业经营理念讲到你吐

在我的书架上，有一本《这是你的船》，是讲美国海军最优秀的船长迈克尔·阿伯拉肖夫的故事。他从确立目标、树立典范、建立信任、打破成规、培养人才直到同心协力，在很短的时间内，把原本最落后的"本福尔德号"舰艇打造成为美国海军的典范。

我经常和员工分享这个故事，讲着讲着就更有感触。船长和水手一起努力创造了奇迹，他们之间缔结了信任的纽带，而这种纽带来自三个方面：可预测、可依赖、可相信。明确目标，让这艘船有了可预测的前景；相互依赖，走上战场时我们就是可以相互挡子弹的战友；坚定的相信，就是"无论如何，我都相信你是为我好"。

企业如在大海中航行的船，永远不知道危险和机遇哪个先到。面对挑战，创业者和员工也要缔结信任的纽带，只有齐心协力，才能实现商业成功。但是，这很难。

人与人一般最缺失的就是"信任"，商业有利益，更难信任。相互不信任，企业内部就有摩擦和恐惧。尤其是女性团队，如果不是一个高度信任的团队，就要经常调和她们的"情绪"，而不是去完成真正的工作。

"既然我选择了做船长，就要挑起来。"我决定从自身出发，山不过来我过去，努力让自己成为一名让员工可以信任的带头人。

我认为，要让别人相信，必须先从认知开始。

我在大会、小会讲静博士对客户、对员工的理念；讲愿景、使命、价值观；讲创业经历和人生感悟；讲犯过的错、吃过的亏、掉过的坑；讲人生的至暗时刻、当时的心路历程；讲企业的长期布局。我采用讲故事的方式，讲员工成长的故事，讲娟飞带着四姐妹和她村里二十几个姑娘来静博士的案例；讲云中从开小货车到开奔驰车；讲一个"胖子"组建IT团队瘦了60斤的实例；讲美业教育和"冲冠一怒为发声"的起因。

讲着讲着，很多话语成了共同的感悟，"客户用脚投票，对顾客好就是对自己好；我们没有背景，把自己做成背景；我们是平凡的人，要做一些有价值的事；女人当自强，既要赚钱养家又要貌美如花；做正直的人，赚睡得着觉的钱"。

当把经营理念反复宣讲，很多人就记住了，也就会慢慢地相信。在关键的利益节点，让员工看到企业的诚意，员工不光要听管理者讲，主要还是看在利益面前是否说到做到，那么，信任的小树就会进一步成长。

静博士很早就推出了"小老板计划"，后来又有了"创客机制"。有人问我："你们在疫情期间，80%的门店成为创客店，员工怎么会有信心捧着钱来入股呢？"

那是因为多年信任的积累。一开始，我们就把赢利的店拿出来和小伙伴共享，每半年召开一次创客分红大会，财务总穿着财神爷的大红衣服捧着金元宝上台，给排着队的小伙伴分红，有掌声、笑声、欢呼声，还有红扑扑的笑脸。

然后，立马请分到钱的伙伴分享，此时小伙伴的演讲水平个个杠杠的，不需要打草稿。有员工说："我创过业开过店亏过钱，来静博士后重新选择当创客，在平台和大老板合伙，你们看到我手上的大红包，那是分红，我还要再投入，争取当几家店的老板。"有小伙伴说："我老公说家里的钱全给我投资开店。""开店七件事，但在静博士只要做两件事，管好客户和员工，就可以当老板。"还有员工这么说。演讲中有满满的真诚和激情，传递的全是信任。

这世界，因为相信才看见的人毕竟不多，员工大多数是因为看见才相信的。

建立信任的纽带，还有很重要的一点，就是授权与沟通。

给干部一个空间，让他们对自己的业务板块负责，有话语权、人事权和一定范围的财权，总部做预决算管理，然后建立有效的沟通机制。两个大脑理解同一件事情一定不一样，那就要沟通。企业内部信息尽可能透明：每月一到两次的高管学习会；定期召开一线和中台的沟通协调会，明确职责，解决问题；每月针对创客开财务分析会议，有问题随时查账。另外，提倡讲话公开直白，不要小心眼，对事不对人。

信任很宝贵，也很脆弱，建立很难，但破坏起来极容易，有时候像玻璃一样不经摔打。别人是否信任你，看他的眼睛就知道；你是否信任别人，问问自己的心。

我了解过麦肯锡的信任公式：

信任=（可信度×可靠度×可亲度）/自私度

可信度，代表你的专业是否能够解决问题；可靠度，代表你的为人是否靠谱，是不是说到做到，是否是一个会兑现承诺的人；可亲度，代表你是否讨人喜欢，别人愿意靠近你；而自私度，就是你把自己的利益放在最前面，一切以自我为中心，以部门为中心，而不具有大局利益观。

这世界，因为相信才看见的人毕竟不多，员工大多数是因为看见才相信的。

有的人可信度很高，也就是能力很强，但可靠度不够；有的人很靠谱，做人无可挑剔，但成事的能力偏弱；有的人可信度、可靠度、可亲度都不错，但就是局很小，每天计算自己的一点小利益。人无完人，应该将不同的人放在不同的岗位去用。

企业就是一个小社会，要建立信任的纽带，创业者须从自己做起。只要像迈克尔船长那样跨出第一步，船员就会慢慢跟上的。如果大家都认为"这是我的船"，有了信任的基石，就能把自己的命运和船紧紧地绑定，各自承担该承担的责任，那么小力量终将汇成大力量，企业就能不惧风浪。

信任的基础是安全感

在我的收藏中，有一组非常珍贵的照片，是静博士的初创团队里留下的8个人——大家称之为"八大元老"的合影。大约从2010年开始，每逢过年，我们都会凑在一起拍一张照片，同一群人同一个姿势同样的笑容。这件事始于偶然，后来大伙儿都觉得很有意思，就说要用照片见证我们一起慢慢老去，其实更是见证我们一起走过的创业之路。

8个人一起走过18年，多么不易。其中有创始人，有高管，有中层骨干，也有优秀的基础员工。每年员工大会，8个人都会上台，主持人总会问："是什么原因让你在静博士这么多年？"大家的回答基本相同："有安全感，觉得企业有未来；对企业文化的认同，对老板的信任……"

员工的安全感一般来自三个方面：一是看企业是否有追求，自己能否有发展；二是看企业是否有底线，关键时刻会不会被坑；三是情感链接，尤其是初创企业，对创业者的情感链接很关键。

看企业是否有追求不难，看几点就可以了。有没有远大的目标和可实现的路径？业务模式是否不断拓新？团队是否不断优化，人才辈出？还有一点很重要，企业是否在看不见的地方持续投钱，建设企业的"基础设施"。

静博士努力让员工感知到"钱多、事少、离家近"。

"钱多"，不是钱越多越好，而是努力工作有回报。我们请来了华为、海底捞等公司人力资源方面的专家，给团队当老师，把晋升激励奖惩机制逐渐完善。付出有回报，成长有通道，最后规划员工在平台合伙创业。

"事少"，指持续在信息化、智能化投钱。"喜鹊喜报"管理软件让员工在线、客户在线、管理在线，无纸化办公，远程销卡，在线上做行动计划。事情仿佛越来越少了，其实并没有减少，只是借助工具更高效、更有序了（这是持续烧钱而且短时间看不到结果的基础设施）。

"离家近"，不是指每家店附近有宿舍，而是心安之处是我家。

打造静心关怀的企业文化，要用文化链接员工。我们明确告诉员工静博士要去向哪里，你可以实现什么价值。

静博士一位业务单元的负责人文燕，从普通员工成长起来，进而到金牌店长，再到独立负责一个业务板块。她说："我在企业10年，现在对未来越来越不迷茫、不恐惧了，不会像陀螺似的围着钱转。我知道在企业平台，只要努力，把客户放在心上，人生就可以掌握在自己手上，这种安全感真的很好。所以努力成了常态，不需要监督，不需要鼓励，自发地前进。在这里，我找到了奋斗的意义。"

还有一点，企业价值坚守，往往会给员工很强的安全感。

我曾经听到两个新员工的分享，一个说原来的门店在用原液精华按摩的时候掺水，还用过期产品；另一个说给原来的公司客人泡药浴，一桶要两人，老板还让她们撒谎说这是专门为客人准备，因为不认同公司价值观，所以选择离开。

曾经有一位离开静博士旗下的医美机构静港去了渠道医美，后又回来的员工说："PRP血清项目竟然直接到合作门店操作，抽血离心还在厕所内进行。实在太不认同了，想想还是回来吧。"

普通员工也许并不懂企业的战略，但企业是不是急功近利，是否太在乎眼前利益，其实员工个个门清，因为他们接触的是利益的最前沿。

没有人会对一个急功近利的人交出真心，员工对企业更是如此。

所谓"道不同不相为谋"，而企业的道就是价值观，这是所有员工共同拥有的，慢慢形成默契，口口相传，用行为体现，最后默默坚守……形成规则后，大家都知道什么是可以做的，什么是坚决不能做的，什么是利益再大也要放弃的。

和团队情感链接，是很重要的安全感。

是人就永远对情感有需求，员工在企业对创始人、对上级领导、搭档或者下属都会有战友情，"我喜欢这里的氛围，我喜欢这里的味道，我喜欢这里的人……"

在初创企业，员工与创始人的情感链接非常重要。

记得多年前，一位骨干扭伤了脚，我买了些水果去她家看望。一进门，就看到这位骨干的弟媳在场，她刚来公司不久，我便脱口而出喊了她的名字："兰兰，你也在啊？在公司过得适应不？"

令人意料不到的是，就是这一声无意间的招呼，让本打算回老家开家小店的姑娘在企业干了10多年，她现已成为合伙店长。她说："当初就是因为祝总叫出来我的名字，所以留下来了。"

还记得一位老干部在"能上能下"中回到了原位，她在我办公室一连哭了几个小时都没能调整好心态。几天后，我和我先生在她门店附近请吃饭，饭后她说："祝总夫妇请我吃饭，心舒坦了。我会在现在的岗位好好干，争取下次再去竞聘。"

在企业初创期，企业不大，情感链接很重要，创始人在与员工共同工作过程中要自然而然地积累情谊，建立起良好的个人情感关系，使员工获得安全感，从而产生对企业的归属感。

在社会学中有一个著名的"150定律"，指人的大脑新皮层容量有限，只能允许一个人与大约150个人保持稳定的人际关系。由此可见，当一家企业的员工数量接近乃至超过150人时，领导者一定会心有余而力不足，情感链接的效果只会越来越差。

这个时候，就需要干部一层一层地去链接下面的员工，形成一个一个的情感节点，像一张大网一样把组织内的人聚集在一起，共同前行。人与人的情感需要在一起共事中建立，促进情感的最好方式就是打几场硬仗，攻克几个难关。日久见真心，患难出真情。

我们一家区域公司的负责人倩雯，大学毕业入企，结婚、生子、晋升等人生的几件大事全是在静博士完成的。她说："我的内心是很笃定的，以前是领导带我，现在我来带团队。我要带着团队不断挑战，争取成为区域合伙人。"

而有一天，企业慢慢壮大，当员工和企业的关系从情感链接发展到梦想链接和事业链接，又是一个重大的跨越。如何链接信任的纽带，我们要在更高纬度上去思考。

村里来了二十几个姑娘

记得有一年春节开工后的一天，门店来了一位江西鹰潭的姑娘。她走进店里，把行李一丢，开口就问："你们这里是不是有一个叫娟飞的？我是投奔她来的。"

娟飞是企业"网红"级别的明星，10年前她从江西农村来到杭州，加入静博士，从基层员工干起，一步步走上了中层骨干的位置，在业务上能够独当一面，通过几年的拼搏，在杭州安家落户，买房买车，由此成了家乡人人羡慕的新杭州人。

她让别人羡慕的还有另外一个原因，是她变美、变知性了。你要是看过她以前的照片，你一定会"哇"，她的变化之大，可以用"指数级"来形容。

每一年她都会在静港医美"小动动"，几年后，变化很大，加之工作带来的自信，内外兼修，气质随之改变，就像是换了一个人一样。每次回到老家，乡亲们总是惊叹于她的蜕变，当初相貌普通的她，每一年都在变得越来越漂亮、自信、独立。她也从不吝于分享自己工作的境况和变美经历，如此一传十、十传百，成为家乡的明星人物。

甚至有不少人逢年过节都会特地登门拜访，问她"静博士还招不招人""像我这样的条件能不能去"。就在这个优质榜样的吸引下，她家里四姐妹都来到了企业，她们是静博士的"四朵金花"。当地一个小小的县城里，竟有20多个年轻女孩冲着娟飞来加入静博士，寻找改变自己命运的机会。

娟飞的事迹并不是特例。静博士第一位美容师雪珍把妹妹、弟媳、侄女儿都带到了企业，姑娘们非常优秀，如今一家人都成了新杭州人。雪珍的父亲是一位憨厚、善良的庄稼人，他给我写过感谢信，送来他自己种的柑橘和自酿的土酒。他还在他们村里拉过横幅"找工作去静博士"，逢人就会说："静博士是有前途的，看看我们家几个孩子，我每个月还可以收到900元养老金呢。"

身处服务行业，静博士的员工大都来自较为偏远的农村地区，她们勤奋且好学，诚恳而要强，愿意用自己的双手埋头苦干来创造财富，缺乏的只是促进成长的平台和点燃梦想的契机。

所以，我们要让员工看到企业有未来——业务扩张，科技创新，团队活力，坚持长期主义的价值观，客户的正向反馈，还有自己收入的提升等。

创业10多年来，最让我感到自豪和有成就感的，不是企业规模的壮大，而是能够亲眼见证许许多多员工从毫无背景、学历不高、青涩土气的小姑娘在静博士慢慢学习、沉淀、感悟，逐渐成为真正的职场精英和家庭支柱。

在静博士，所有管理岗位都要竞聘，所有新的业务板块均需通过商业计划书进行评选。企业是一个公平公正的竞争平台，只要员工觉得有能力并愿意调整，就去竞聘。我永远相信"潜力可以挖掘，梦想可以被激发"，所以我经常说："只要你有梦想、有野心，企业愿意培养你，愿意为你的成长买单！"

美业中很多小伙伴的学历不高，到一定的年龄，除了手头的技能，其他什么都不会，也没有太大的追求。我在全员大会上请每个人都问一问自己："除了现在做的工作，我还能做什么？"我们企业鼓励培养复合型人才。

一些员工在一线拼搏几年后，成长为学校的老师、人资的BP（business partner，人力资源服务经理）、技术的带头人，懂业务的管理者更能服务一线。

司机小宋除了行政接待工作，还成了企业文化的宣导员。每一次客户接待，他都能够妥妥地传达静博士的企业文化，几乎每一个客户都会给予很高的评价。他成了企业"不可或缺"的员工。

门卫大伯老张除了做好日常工作以外，硬是把花园里一亩多地做成了公司食堂的有机农场。大家中午吃的蔬菜，都是他利用业余时间种出来的。他经常乐呵呵地看着大家吃饭，大嗓门地说："多吃点，多吃点。"他成了企业中给予他人温暖的人。

在我看来，在一家企业中，值得创业者潜心经营的核心资产，除了商品技术、门店和品牌，更重要的还有员工和客户。**企业把员工放在心上，员工才会把客户放在心上。**

梦想是统一目标的指明灯

钱不是欲望，而是希望

泰戈尔曾说："理想是指引方向的航标灯。"爱因斯坦也说："每一个人都要有一定的理想，这种理想决定着他努力和判断的方向。"我想，**有理想的企业一定会让员工充满梦想**。梦幻一般的理想会激发出人更多的潜力，不畏艰难，一步一个脚印往前走。如果企业能够汇聚这种力量，就能成事。但是，企业的员工处在各个层面，既有基层员工，也有高级人才，处于不同层级的人对梦想的追求也是不同的。

在创业最初，有几件事对我影响很深。

当时，美容院使用的面膜是用面粉加蛋清、牛奶调制的天然产品。有一次，主管发现面粉每天都少一些，于是悄悄地进行了调查，结果惊讶地发现，有个美容师每天下班前都会用小袋子装一些走。她拿面粉回去干什么？原来，这位美容师由于家境不好，每个月大部分的收入都要寄回老家，又舍不得用所剩无几的钱给自己买吃的，便把从店里拿回去的面膜原材料加水搅拌，做成面疙瘩来填饱肚子。

无独有偶，静博士在开第二家分店时，又发生了一桩令人吃惊的事：由于两家门店相隔距离不算太远，有时候会安排美容师在两家店内轮值。当时，有一位美容师总是迟到，她除了道歉，从来不解释原因。后来我们才知道，原来她为了省下2元钱公交车费，一直都是走路上班。

金钱对于来自贫困山区的孩子们来说，不是欲望，而是希望。

许多刚从偏远地区来到城市打工的年轻人，不仅承受着经济上的巨大压力，还面临着环境变化所带来的一系列不适应。

一位第一次到城市工作的新员工下班后分辨不清四通八达的公交路线，兜兜转转半个多小时后竟又回到了店里，说："我一出去就迷路，不知道该怎么坐车……"另一回，我在电梯口看到穿着工作服的员工，她捧着资料怯生生地站在电梯旁，说："我不知道该怎么上去。"

还有一个女孩，父母反对她新交的男朋友，把她带回出租房，没想到她为了去找男友，竟试图从三楼爬窗户下来，却不慎跌落，重伤昏迷，因为医药费不够，医院只给予保守治疗。公司副总第一时间赶去医院，交医药费，给慰问金，还动员全体员工募捐。门店的小伙伴流泪在医院陪伴，但是直到姑娘离世，男友却一次都没有出现……

20岁的青春就此夭折，那天很多小伙伴都哭了。我内心非常难受，想要做两件事：一是要让员工树立正确的人生观，开设系列课程；二是想要建立一个"爱心基金"。

于是，公司首次投入100万元基金，每一位员工每个月自愿上交5元钱参与到爱心基金，当员工本人及其直系亲属遇到重大困难的时候，爱心基金给予援助。后来，这个爱心基金让多位困难家庭获益，这是后话了。

诸如此类的经历，完全颠覆和刷新了我的固有认知。我清晰地感受到，员工中有许多人的生活际遇与在城市长大的孩子相差悬殊。她们怀着改变命运的渴望背井离乡来到城市，走进静博士，迫切需要有人能像家人一般毫无芥蒂地关怀自己，在面临困境时帮扶自己渡过难关，支撑自己在这片喧嚣而又陌生的土地上寻找到一片温暖的栖息之地，也找到安身立命的舞台。

在创业初期，这些事件给我带来了巨大的震撼。这是一个我并不了解的群体，但我已懵懵懂懂地把她们背在了身上。当时，企业主营业务是生活美容，主要员工都是这些靠手艺吃饭的，她们大多还在为满足马斯洛五大需求层次理论中的生理需求、安全需求而努力。如何满足她们的需求，怎么把她们统一到企业的目标中来？

静博士的梦想工程正式起航，它承载的不仅仅是企业的梦想，更是这些姑娘们对美好生活非常纯朴的向往。

员工的梦想是要被管理的

记得有一年夏天的某个午后，天空飘着雨，我看完美国人马修·凯利所著的《梦想管理》，内心很澎湃，仿佛看到了一道光。该书中谈到一家家政服务公司，从每年400%的员工流失率开始，通过梦想管理降低了流失率，提升效能，并最终打造了一支出色的团队。

从中，我深受启发。因为家政服务公司和美容企业一样都是劳动密集型产业，员工学历不高，自我驱动和自我管理能力不强，需要组织的引导……我决心向他们学习，由此在静博士推出了"梦想工程"，帮助员工进行自我剖析，找到问题，对标差距，并规划路径。

梦想工程启动会上，都会通过自测表来给员工做一个明确的梦想判断，引导员工结合当下实际情况找到梦想需求点，而不是自由发挥式地盲目制定梦想。特别是基层员工，往往自身没有太长远的规划，需要领导规划职业生涯，指引人生方向。

员工内心确认后，要大声宣读出自己的梦想，还需要寻找2~3位梦想见证人，这有三重目的：第一，确认这个梦想有没有合理的时间节点，是否好高骛远；第二，见证人也是监督人，在日常的工作生活中会监督这位员工是否一步一步朝自己的梦想努力；第三，当所有人把梦想用写或画的形式呈现在纸上的时候，我们会把梦想墙建在员工休息区，让员工每一天都提醒自己：种下了这个梦，要为之奋斗！

基层员工的梦想各种各样，有的想给老爸买辆面包车，有的想给自己买苹果手机，有的想要拿大学文凭，有不少姑娘想要存钱整形，还有的则想要当老板……一个又一个小小的梦想，都是那么灿烂，都有一双腾飞的翅膀。

我们引导员工找到了梦想，还要积极管理它，这对企业管理层而言是一份更为重要的工作。

一个人有梦想很容易，但一个组织管理员工的梦想其实很不容易。在员工工作有瓶颈的时候要教授方法突破，在员工迷茫情绪低落的时候要用梦想激励，哪怕是一个最小的梦想实现了，团队也要给他鼓励。每三个月或者半年就会召开"梦想对标会"，检验每个人的梦想完成到了哪一步。

这有什么好处呢？当一位员工已经提前完成了他的梦想时，必须重新设定下一个梦想，这样才能拥有持续的动力。当一位员工的梦想进程落下很多时，也必须调整步伐，不至于总是落空，就会觉得梦想规划没用，从而产生放弃的念头。

通过对员工梦想进行管理，很多员工的梦想一步步实现了。

有一位来自江西山村的员工，不仅有个先天智障的妹妹，父亲更不幸遭遇车祸，家庭的生活重担一下子几乎全压在了她一个人的身上。她在2013年9月到店就职，店长便和她一起做2014年的梦想工程。她一开始的梦想是把技术练好，增加收入，把家里的几万元钱欠款还清。于是，店长和主管就根据她的梦想进行管理、引导，短短半年时间，她的进步非常大。在此后的两年内，她逐步业务晋级，收入提升，帮家里还清了欠款，后来她又重新制定了新的梦想：在老家买个房子。

有些员工的梦想被顾客知道了以后，顾客们也会参与进来。

静博士黄龙店就有这么一个员工，是位技艺能手，她最大的愿望就是能让孩子一起来到杭州，享受良好的教育。因此，她每天很努力地工作，顾客知道了她的梦想都给她加油，一位从事房地产行业的顾客还帮她申请优惠，落户杭州，终于把儿子接来杭州念书。

我一直认为，不是任何人都会积极努力地自愿为目标而拼搏的。**人的行为是可以被激励的，但因为人的需求点不一样，激励也是分层次的。梦想要根据不同层次的人做不同的设定。基层做短期梦想规划，以物质激励为主；中层管理者更倾向于做与荣誉、岗位成长相关的梦想激励；而高层就要由大梦想来激励。**

企业要用发展解决问题，用梦想感召，在更高的层面去链接、缔结关系，唯有成就员工，员工才会回报企业。

美国作家汤姆·彼得斯说："企业能够爬上巅峰，主要原因就在于一般员工愿意为工作全心全意地付出，这并不是偶然的，而是公司内的普遍现象。这些企业的财务绩效一定跟员工的表现一样亮丽。"

员工是不会为了企业的财务指标而奋斗的，他们之所以奋斗，是想要在企业实现自身的梦想，因此，企业要做的就是把员工的小目标统一到企业的大目标上来，把每一股力量汇合成大力量。

静博士鼓励每个员工都要有梦想，就会"拥有一双隐形的翅膀，带着自己飞过绝望"，有一天终会"看到所有梦想都开花"。

静博士还有一个很隆重的仪式——梦想宣言。每一次员工大会，上千人全体起立，把右手的拳头握紧举起，大声朗读"梦想宣言"。

今天，我在这里，
和最优秀的伙伴一起大声宣读我的梦想。
这一刻，我不再平庸，
梦想让我无比坚定、无比强大！

静博士人有一个不平凡的梦想，
我们要过上比昨天更好的生活！
我们愿意为此付出百倍努力，
我坚信，我们一定能做到！

静博士人有一个不平凡的梦想，
我们要让客户更健康、更年轻、更美丽！
时刻以客户为圆点，诚信服务，静心关怀。
我们相信：双手创造美丽，双手改变命运！

静博士人有一个不平凡的梦想，
我们要做中国美业最有影响力的企业，

成为一家客户满意、员工幸福、引领行业发展的百年企业！

每当想起我在一家这样的企业工作，

我就无比自豪。

为了实现梦想，

我绝不懒惰和抱怨，强者只做第一。

为了实现梦想，

永远对自己高要求，勇于担当，不断精进。

为了梦想，立刻行动！

用大梦想链接高管

记得七八年前，我带着团队从香港回来，在广州和一位深耕美业的同行聊天。当时，我在酒店大堂问服务生要了几张白纸，在上面画了静博士未来5年的战略规划"3321"：前两个"3"分别是3个以美容健康为业务主线的连锁终端和3条管理和业务赋能的BU线，中间的"2"指的是1家学校加上1家研究院，还有最后面的"1"则是指总部大脑……画完以后，我笑着对他说："一起干一件有价值的事情如何？你来抓行业教育，把美业学堂做起来。"

当时，他正在一家公司当CEO，主要是向韩国输送整形业务，收入很高；而行业教育是一块新业务，静博士不可能给他原有的薪酬，但我承诺这是值得一起打拼的事业。

两个月以后，他拖着行李箱来到杭州，从一片空白开始摸索。他叫老董，如今是企业的合伙人。现在，已经有5万多美业人进入静博士美业学堂，并拥有较好的口碑，这和老董及其所带团队的努力是密不可分的。现在，老董在杭州买了房子，把老婆、孩子都接来，孩子也转学到了杭州，一家人就这样落根于此。

我经常说：**"高管，一是培养出来的，二是被吸引来的。"** 一种是在企业的平台里，不断自我提升并脱颖而出，认同企业的发展理念和价值观，一路追随成长；一种是被企业的梦想和创业者的格局吸引而来，然后共同打拼，创造未来。

静博士的高管团队，除了深耕行业的伙伴外，还来自各行各业，有来自新闻媒体的、大医院的，甚至还有部队转业的。

其中有一位高管从阿里巴巴离职后，自己创业未果，便加入了AIWO科技公司，担任产品运营的负责人。他说："在我的职业生涯中有三次内心澎湃，一次是在阿里，一次是自己创业，还有就是现在，因为我们在做赋能美业的产业互联网平台……这承载了我的职业梦想，内心极有动力。我自己创业失败过，所以清楚自己能做什么和不能做什么。这一次，在企业中有机会实现自身未尽的理想，我真心愿意拼搏，和大家一起实现梦想。"

几位美业外行业的技术高手加入企业时也纷纷表示："我觉得美

业大有可为，我们一起把美业的产业互联网做出来，赋能美业。这是一份了不起的事业，我愿意。"

吉姆·柯林斯在《基业长青》一书里讲道："高瞻远瞩的公司，不仅追求利润，同时追求更有意义的理想。"这句给我很大的启示。

人才，不是单纯靠物质就能吸引的，而是要靠伟大的事业、更有意义的理想来吸引和激励。这样的梦想具有极大的力量，让人内心火热，对未来拥有美好的憧憬，不但能激发自身和团队的动力源泉，更犹如一只海燕，在心灵的海面上骄傲地翱翔，使人感受到美好。

人才还有一个显著的特点，那就是因为拥有梦想，所以有着极强的自驱动力。

静博士的创业元老施柳，整整18年来，她永远是企业里最勤奋的人，接受过各个岗位的挑战，在做好自己的本职工作以外，只要看到哪里有问题，就会默默地站出来补位，"有人负责我配合，无人负责我承担"这种精神在她身上体现得淋漓尽致。静博士能发展这么好，她功不可没。

另一位创业元老咪娜，是静博士第一个医科大学毕业的学生，外表柔弱秀美，偶尔也会嘀咕："我这个人没有太大的志向。"但就是这样一个姑娘，硬是成了企业的创业合伙人，凭借优异的沟通协调能力，在工作上能够"软硬兼施"，跟着队伍一路成长，推动医美业务板块的发展。用她自己的话说："只有不断学习，才能不断进步。"

还有一位老潘，参与了当年的O2O挑战，从零开始打造企业的IT

信息化工程，推动企业在线化的发展。他在两年内瘦身60斤，从一个小胖子变成了瘦削、精干的年轻人，带领团队把企业的IT信息化工具"喜鹊喜报"打造了出来，如今美业中已有3000家门店开始使用喜鹊喜报美业智能化管理系统。

核心高管队伍不是那么容易形成的，一路走来，需要机缘，也需要磨合。高层团队适度变动是很正常的，主要有三个方面的原因：

一是因为每一次的变革都会迎来新模式、新产品、新资源的重新组合，团队必定会随之调整，有的会跟不上，有的会不认同或者其他原因而离开。在此我深深感谢一些离开的干部，阶段性的陪伴和贡献，我们铭记在心。

二是躺在历史的功劳簿上自我膨胀的干部并不少见，经常会看到他们掣肘老板、博弈团队，时间久了，就无法携手同行。

静博士人经常讲一首顺口溜："山外青山楼外楼，英雄好汉争上游；争得上游不骄傲，还有英雄在前头。"其实，一个人的成功有着多方面的原因，需要天时、地利、人和，仅凭一个人永远不可能打下辉煌的战役，成功一定是团队合作的结果。

三是无法和团队协同，尤其是无法和能力相当的人合作，因为谁也不服谁。最后一山难容二虎，就会有人离开。

人生原本只有两条路：自己带队干，或者跟着别人一起干。无论是多么强大的个体，都必须在一个能够集合众人智慧的平台上，个体的价值才会被放大。高管之间最好是"我的缺点正好是你的优点"，团队互补携手同行，才能体会"一个人干很苦，一群人干很美"的幸福滋味。有一句话说得很好：相互补台好戏连台，相互拆台一起倒台。有时候如果目标追求不一致，价值观不同，沟通成本就会很大，将是极大的内耗，不如"放手"。

所以，**静博士对人才的要求是：认同企业价值观，敬畏美容健康事业；工作上能够独当一面；能够持续学习，不断进化，合作共赢。**

但在我的内心深处，对人才还有自己的判断，有时候不仅仅是看智商、情商，更重要的是看这个人是否有志向和情怀。曾国藩有一句话：人才高下，视其志趣。一个志趣低下的人走着走着会往下滑，"日渐油腻"而不是"日渐上流"。

有志趣的人，你会看到他在一种理想主义的光芒下，寻找精神上的力量，从而挖掘自身的潜力，寻找资源并勇往直前，完成具有挑战性的工作。这样的人都会被使命感和成就感所滋养，你可以看到这些人身上有闪闪发光的东西。

史蒂夫·乔布斯有一个观点："真正的人才，其自尊心不需要呵护，每一个人都知道工作表现和贡献才是最重要的。"换句话说，老板不用特意去细心呵护员工，因为他知道自己是为梦想而拼搏，会为了达成结果而竭尽所能。

企业用远大的梦想链接人才，最后形成相互推动、相互依赖的关系。这是一种非常健康的关系。团队相互依赖才有未来，这是企业文化的精髓。

一群有追求又靠谱的人用毕生的力量做一件很有价值的事情，人生终将得以升华。人的一生中，能有机会和一群人共同奋斗，共同成事，那是一件多么幸福的事情。

让企业成为员工实现价值的舞台

干部是打造出来的

所有的创业者，都想要一支由"才华横溢、梦想远大、志同道合、情趣相同"的人组成梦之队，一起实现远大的梦想，但那只能做梦的时候才能拥有。所以如何打造靠谱的梦之队，一直是创业者努力的方向。

在静博士有这么一句话："**干部能上能下，能进能出，但不可以进进出出。**"这句话充分体现了静博士在干部培养方面的一种文化。正所谓"人挪活，树挪死"，真正优秀的干部一定是打造出来的。

但是，很多人觉得"我干得好好的，凭啥要换岗"，说来容易做起来难，因为世人都害怕改变，主要有几个原因：熟悉环境，不喜欢改变；对原有团队付出很多，深有感情；志向不大，不想挑战；小富即安。

一项工作干久了，人的视野、思路就会变得狭窄，形成思维定式，也容易产生厌倦或者疲惫的心态，工作就会失去创造力。而能上能下、竞聘上岗、轮岗交流有利于干部学习新的知识，拓宽视野，增长见识，提高工作热情，可以使部门的成员组合达到优势互补，提高部门的凝聚力和战斗力，更利于培养"一专多能"的复合型人才。因为在新的岗位、新环境，一定会迫使干部去学习、去适应，会激发潜能，锻炼才干，开创新局面，取得更多的工作经验，也就能够促使干部保持一种非常好的进取精神。通过不断调整岗位，还能做到人岗匹配，人尽其才，才尽其用。

目前，在静博士重要岗位的干部，几乎没有一个是从未经过磨炼的，经常上上下下或者换岗轮岗，然后再挑大任。我认为，**只有经得起检验的干部，才是企业的栋梁之材。**

"向中国共产党学管理"，党内的重要骨干都是要不断轮岗的，不断地调换角色，在不同的层级几经考验。只有在不同的岗位上经受住考验，才能真正成为一个成熟而可靠的干部。优秀的干部是国家的中流砥柱，可以带领一个地区、一群人去发家致富，实现大国梦想。

一个泱泱大国培养干部都要不停地"打造"、磨炼，更何况是一家企业呢？

静博士"打造"干部一般有以下几种方法：

第一种是"上上下下"，通过改变层级来培养。

当干部的能力碰到天花板的时候，就需要往下退一步进行锤炼和提升，然后再来竞聘。有人不理解，甚至哭过、闹过，也有人因此离开了公司。但在静博士，这是很重要的一关：烧不死的鸟是凤凰。干部要能上能下，不断"挪坑"，在不同的"坑"里历练，形成所谓"之"字形的成长路线。有些员工，出校门后虽然只在静博士一家企业工作过，但他们大多经历过3~5个甚至更多的不同岗位。有人曾换了10个以上的部门，既锻炼了全方位的能力，又淬炼了意志。

小蔡在中层管理岗位上遇到了天花板，组织决定让她降级下沉，重新开始。当时，她简直把眼泪都哭干了，她狠狠地说："我一定要干出个样子来，再炒企业的鱿鱼。"岁月变迁，几多经历，她在磨炼中不断地成长，现在已经是一家子公司的主要负责人。

有一次，她跟我说："以前我不理解，现在明白了，任何企业如果放任老员工，就一定会出问题。企业没有竞争力就一定做不大，那员工在企业也就没有更大的希望了。"

小平在静博士11年的工作过程中几经奋斗。2009年，她加入到静博士做客户主管，不久就升任店长。因为急于出成绩，她一门心思抓业绩，不懂得培养团队，也常导致员工流失，客户投诉不断，业绩始终没有办法突破。我让她再次回到原岗位锻炼，一段时间后，她慢慢没有那么浮躁了，开始学会去观察客户需要什么，去思考团队是如何协作、分工的，门店又该如何管理。后来，她再次竞聘当上了店长，如今是管理一个区域的"作战部长"。

一些空降的新干部，我都会让他们到一线去锻炼；一些走到高位出现技能、知识或格局缺失的干部，也会让他们换岗体验总经理秘书、助理等角色，让他们能静下心来思考；一些一线的骨干，在碰到困难或障碍点的时候也会被调到总部来，"上下锻炼"。

"宰相必起于州郡，猛将必发于卒伍"，一线是最好的课堂。一线实践是培养干部的练兵场。门店工作很细碎，但每项工作都关系到企业政策的落实，每件小事都关系到员工的切身利益。任务重，困难多，让干部到一线摸爬滚打，直接面对员工的困难，了解员工的想法，独自处理矛盾和问题，和员工并肩作战，将非常有利于干部的成长。

摸爬滚打也才会让干部很好地把握人心，因为他们处于艰苦之中，就会在不断变换的环境中去换位思考别人的感受，慢慢就有了同理心。**服务业的管理者必须要有同理心。**

第二种是"左右平移"，用轮岗换岗来考验。

今天做营运，改天干市场，通过换岗让干部能更好地理解别人的工作，也能明白自己的能力点和盲点，甚至更可以打通部门墙，拥有更好的全局观。

石榴几乎在公司的各个重要岗位都干过，也是流泪最多的人。她每干一个板块都会很投入，而投入了有时就拔不出来了。但任何一个干部都需要在脚踏实地的同时抬头仰望星空。

她说："以前忙着想把事情先做完，后来通过不停地换岗位，才越来越注意员工的心态，而从人心着手，做事也就越来越顺畅了。"

有时候，我们也会把IT板块的领导平移到营运线里，去参与营运的管理。人的左脑和右脑的思维方式是不一样的，左脑会更理性，右脑会更感性。IT部门的工作更多的是数据管理，而营运工作中则要经营客户，经营团队，经营人心。

这种锻炼不仅让员工的能力得到了长足的发展，也让企业有了创新力。

第三种是"自由进出"，让社会去选择。

一个干部在一个岗位上待的时间太久了，就会对自己的认知产生严重的偏差，脱离群众，掣肘上级，其实他自己也痛苦，认为付出和得到不成正比。

其实一个人在职场的痛苦，跑不出这几个原因：想要的太多，得到的太少；想自己的太多，想别人太少；想眼前利益太多，想长远利益太少。

在企业一定会碰到钻牛角尖的干部，别人怎么帮他都是枉然。这个时候，不如放手，我经常说："来有来的道理，走有走的理由，有一种爱叫放手，不必强留。"到社会上去打拼，到江湖中去历练。

放手后，双方还要"藕断丝连"，经常联系。

经过社会的打拼再回归的伙伴，有些在能力和眼界上有了很大的突破，对企业是一种推动；还有的会对自己有一个更客观的认知，会沉下心来不那么浮躁了。人只要跨过了自己，就迎来了一片春天。

换位之前，要跟干部进行充分沟通，疏导情绪，这是不可或缺的第一步，以免造成不必要的人才流失；而且，要在企业中形成"干部要经得起折腾"的文化。折腾文化有很多好处：折腾折腾，干部会增加阅历，了解一线员工的想法，才会换位思考拥有同理心，才会打破舒适地带敢于创新；折腾折腾，企业才会看出谁是骏马、谁是庸才。你会发现，梦想很大、实干不够的人，脚踏实地了；才华横溢、情商很低的人，协作包容了；脚踏实地、格局偏小的人，格局打开了；忠诚追随却能力不足的人，能力提升了。

其实，人生就是一个不断折腾的过程，趁着年轻，使劲折腾。突然有一天，你就会发现自己改变了，面对波澜能够处变不惊，面对委屈也能心胸宽广，面对难关更能勇往直前。有一天笑傲江湖，能够成事了，人生目标也就一步一步实现了。

一个干部没有折腾过，不值得期待；一个经过磨炼的团队，是无畏无惧的。

企业打开事业的边界

员工的成长是一种"推动的力量"，特别是核心干部团队的提升，会巨大地推动企业的成长；**而企业打开边界，则是一种"带动的力量"**，组织的魅力会自然而然地带动员工成长。有一句话说得好：一个人的成长永远超不过一个组织的成长。

员工的成长是一种"推动的力量"。

有一次，我参加浙江省女企业家协会的年会，组团演唱《我和我的祖国》，当唱到"我的祖国和我像海和浪花一朵"，就联想到企业和员工也是一个道理。

在巨变的环境中，无论是被动进化还是主动创新，当企业开始打破自己原有的框架，业务发生改变，引入新变量，思维边界、组织边界、能力边界都将随之改变，那么员工就会被带动，被逼着成长。这时候，每个员工就像汹涌浪潮中的水滴，被裹挟着往前冲。

释迦牟尼问弟子：一滴水最好的出路是什么？答案是：回到大海。是啊，"溪涧焉能留得住，终须大海作波涛"。

如果一家企业故步自封，那么员工就看不到希望。企业要打开边界，把事业的版图充分拉开。那么，**事业在哪里，团队就在哪里；责任在哪里，人才就会出现在哪里。**

在静博士的发展历程中，有三次打开边界，带来了团队的整体进步：一是生美向医美和大健康升级；二是本地业务向行业教育拓宽；三是传统产业向数字化转型。

静博士在刚起步时的核心业务是生活美容的门店运营，后来从生美连锁到医美连锁，再到大健康事业的布局，一批干部被带着成长起来，特别是管理干部，因为从管理美容师到管理整形外科、皮肤科、妇科医生和护士团队，会有很大的不同。

"我以前管理生美团队，工作方法相对直接，很多时候让下属听话照做即可。现在管理医疗团队，我会把握两个原则，管理上本位思考，沟通时换位思考，尽可能站在对方的角度去读懂客户和员工，但在管理上还要菩萨心肠、霹雳手段，尤其在医疗质量方面，一定严抓不懈！"这是一位从生美管理岗位转到医疗管理岗位的干部的表述。

静港的明星院长程院，就是在拓展新业务板块时从整形外科医生成长为一位优秀管理者的。用他自己的话说："我是把1毫米宽要做成1000米深的性格，个性上执着、清高，也不太喜欢沟通，算是比较典型的医生样板。"在几年的院长岗位上，他带领团队取得了很好的成绩，团队凝聚力很强，从来没有出过医疗差错，自己在业务上又遥遥领先，拥有一大批粉丝，一条抖音常常有几万的阅读量，也常在行业论坛上亮相。

他说："当院长和做普通医生是不一样的，肩上的责任更大。如何保证医疗质量、规范医疗行为、杜绝医疗纠纷，如何与服务团队做好配合工作，也曾一度困扰着我。后来，我用企业的价值观去判断和决策，慢慢在这个位置越干越顺利了，更是爱上了这份事业……"他曾获得公司年度"工匠大奖"，也是机构的合伙人。

这些是随着企业打开业务边界，员工在业务能力和管理水平上的提升。此外，还有**"选对人，跨学科培养使用"**。

"我是2011年的应届毕业生，那时候什么工作经验都没有，第一份工作就是静博士的文案，写文章、出报纸、做杂志，到后来做活动执行。但我从没有想过几年后，自己会被逼着去接管医美的互联网营销团队。当时，怕自己做不好，几次拒绝。最后，祝总拥抱了我一下，说'没事，只要你努力，结果我们买单'。"企划部的小孙从中文系毕业的美业小白起步，经过几年的努力，带出了一支精悍的小团队。在2020疫情期间，带着几个人的小分队拿下极为漂亮的成绩单，即使是在形势最严峻的三月、四月，依旧月月业绩过百万元，最终获得年度大奖。现在，企业把生美和医美的整个线上营销团队都交到了她的手上。

我们还提出了**"老人做新事，新人做老事"**的原则。当新业务推出的时候，都会让在企多年并已深刻理解企业文化的伙伴去组建新团队，和外来人才一起构建新的事业部。

2021年，我们推出"墨墨告白"养发、"形体魔方"等新业务，就是让在企多年的伙伴"领衔主演"。

企业志向高远，才会不断打破自己原有的边界，才能看见世界，看见蓝蓝的天。而员工不仅会在业务能力上，还会在视野和格局上有很大的突破。

赵爽在企业十几年，曾经是生美板块的技术经理，当静博士美业学堂成立的时候，被抽调去担任部门负责人兼任老师。美业学堂要在全国各地设分院，于是她走南闯北，和同行在一起，甚至怀孕的时候都没有离开工作的舞台，她的课程在美容师、店长群体中拥有很大的影响力。她用自己的成长经历和大家分享，身上带着很强的使命感，可以让学员在很短的时间里受触动并开始反省。

我在台下几次听她讲课，都曾被感动到热泪盈眶。行业教育的舞台打开了她的格局和视野，让她充分绽放，获得了崭新的人生，成了一个温暖而有力量的人。

当静博士从传统产业向数字化转型的时候，团队同样发生了一次巨大的蜕变，人才引进、组织重构、技术迭代……在一步一步向前走的时候，多次面临团队交替和理念碰撞。这些矛盾不仅出现在研发端，在产品的使用端也层出不穷。

记得当时为了推广"喜鹊喜报"管理软件，我先生每天晚上深夜检查各门店的使用情况，如果不达标，第二天就要求店长带着员工到公司的花园来拔草。在8亩地的大花园里，经常看到我先生带着一群人在太阳下挥汗如雨地拔草，回去后使用IT工具的达标率大幅度递增。

就是这样在不断打破自己的过程中前进，几年下来，静博士在互联网、IT、大数据、智能化的投入已经进入了收获期，极大地提升了企业经营管理的效率，确保企业稳定、快速的发展，团队也有了巨大的成长。

员工看到光芒万丈的自己

樊登老师说："企业不是榨取员工的剩余价值，而是赢得员工成长带来的红利。"我特别认同，这是企业和员工最底层的逻辑关系。

在我看来，企业和员工的关系就是这样一种相互成就的关系。企业搭台，员工唱戏，相互成就，彼此温暖，互为一体。企业推动员工进步，员工推动企业发展，企业又为员工提供可以施展的舞台，员工在企业实现自身价值并获得回报。

直到有一天，"哇，那就是我"，员工看到了光芒万丈的自己。

何谓"光芒万丈的自己"，是一个人内心渴望的目标逐渐达成，觉得自己是一个对企业、对客户、对家庭有价值的人，在创造价值的时候又获得价值回报，因此受人尊重，从而生发内心的美好，希望帮助更多的人，做更大的事，实现更远大的梦想……于是人们会从这个人身上看到能量，看到一种可以称为"光"的东西。

我常常在很多伙伴的身上看到这种"光"。

小许是杭州姑娘，长在单亲家庭，聪明又很漂亮，自小被父亲宠爱，有一些"小姐脾气"。她在静博士一干就是十几年，从基层到中层再到中台管理岗位，发生了脱胎换骨的变化，如今干事雷厉风行、有结果，对人有原则、有温度，能和不同的人合作，有很强的包容性。每一次在台上分享，她都会忍不住流泪，说："我父亲一个人又当爹又当妈把我拉扯大，我是他最大的骄傲。现在，我是我女儿的榜样，她说长大要像妈妈一样帮助别人。我现在的梦想，就是成就更多美容师的梦想，让她们在杭州安居乐业。"

我在她感人的泪花中看到了"光"。

娟娟是四川农民的孩子，2012年9月来到静博士。在应聘时，她说："我要在杭州买房，一定要让女儿接受好的教育，不做留守儿童。"她不懂美容专业，只能从前台助理开始做起，边工作边学习，不管遇到任何困难，都没有想过逃避和放弃，反而越挫越勇。经过几年的历练，她从助理、客户主管到店长，一步一步成长。

当我们推创客机制的时候，娟娟夫妇把房子抵押给了银行，从而获得了将近200万元贷款。这对年轻的小夫妻把全部的资金拿来创业，一个押宝静博士，另一个投资餐饮，雄心勃勃地开始了他们的创业路。

一年后，丈夫的生意亏了，而她已是几家店的创客老板。她说："身边的同事都很有理想，不断精进，企业每天都在进步，不断提醒我要跟上发展节奏，这样上进、有追求的环境让我无比愉悦。这才是我想要的人生！希望，是这个世界上最奢侈的礼物。改变家族的命运，至少需要三代人的努力，那就从我做起。我要成为家族的骄傲，也希望女儿长大以后成为一个对国家、社会有用的人。"

我在她前进的脚步中看到了"光"。

像娟娟这样的创客很多，在大姚、小葛、方燕等伙伴身上，我都看到了担当的力量。

我在很多伙伴默默奉献的背上都看到了"光"。

"张团长"是从部队团长岗位转业来到静博士的。作为目前企业的核心高管，他说："我的梦想就是带领静博士人努力探索企业变革、组织创新、业务创新、服务创新，在企业成功的道路上贡献自己的力量，同时也要实现个人梦想，让家人生活得更美好。"

毕业于师范大学的小赵是位90后，他说："要对美容师岗位认知重塑，要提升职业荣誉感，让美容师受到尊重。"

从一线回到企划部的小黄说："客户越来越年轻，我们的责任要让品牌年轻化，和年轻人玩在一起。"

211毕业从"参谋"成长起来的90后干部小宋说："对一线四个核心岗位进行梳理，找到突破点，结合IT工具，重新梳理线上线下的流程，我们的存在就是要让一线员工体会到'钱多事少离家近'的幸福。"

在技术教育领域的叶子、诗琦、雪珍、芬芬、娅菲等老师，十几年如一日钻研技术乐此不疲，还有虎子、小顾、钱钱、阿钟、丽平在制度面前的坚守，从她们一双双的手上和坚定眼神中，我都能看到隐隐的光。

在企业的舞台上，让员工看到光芒万丈的自己，真的很美好。

古话说"授人以鱼不如授人以渔"，企业给员工物质激励是必须的，但不能太过火，更重要的是让他们在成长后获得物质和精神的双丰收，那会很甜。在我们这个行业，经常看到很多老板在开会时把一扎扎的现金或者黄金堆在台上，刺激员工。试想一下，若员工眼是红的、心是尖的，顾客会不会离我们越来越远？

也许，每个创业者都该思考，怎样让员工自我绽放，从物质追求上升到精神追求，并拥有积极乐观的精神气质。

在一家企业中，大多数人都是平凡的，天赋异禀的人毕竟不多，我经常说，要打一副"同花顺"，不要老是期望抓到"大鬼"。**让平凡的人齐心协力干一些有价值的事情，比找到一群天才干一番惊天动地的大事业，要实在、靠谱得多，因为大事业也是一个聚沙成塔的过程。**

在静博士，有党支部、妇联，我们对员工说："企业就是一个凝聚人心的组织，要有正能量，要跟党走，我们要成为对社会、对国家有贡献的人。"

每一个平凡的人，能在一个组织里找到奋斗的理由，找到安身立命的精神追求时，其生命中的光辉就会自然而然地迸发出来。我始终相信，这个世界上每一个平凡的生命中，都有着不平凡的光芒，激发这光芒，引导这光芒，呵护这光芒，就可以让平凡变得不再平凡。而企业，就能够成为一个璀璨的"聚光之地"，照亮通向未来的道路。

05

企业和客户的关系：
彼此照顾，从牵手到白头

———

"我要好看、年轻、身材不走样、精气神十足。"顾客想要变美、变健康，在标准化程度很低的美业，我们如何满足客户的需求，这是个很大的难题。怎样让顾客从"一点点期待"到"一点点依赖"，再到"一点点兴奋"，直到"一点点忠诚"，唯有把满足客户的需求当作企业的基本承诺，把超越客户的预期作为企业的追求，最终找到一群人，服务她们一生一世。

———

满足顾客的需求是企业的基本承诺

我们卖的是"关怀"

从一点点期待到一点点依赖

"不管生美还是医美，顾客要的是变美"

超越顾客的需求是企业的追求

一个客户带来 100 多个朋友

"你照顾我的生意，我照顾你的身体和容颜"

顾客差评就是耻辱

顾客投诉表明没有放弃我们

推出"个人号"接受监督

锁定一群人，服务一生一世

价值观的认同才是真认同

"我是你生活的一部分"

满足顾客的需求是企业的基本承诺

我们卖的是"关怀"

顾客为什么来美容院和医美机构,她们想得到什么,我们和客户到底是什么关系? 这些问题让我思考良多,也最令我惶恐不安。

美业以面向女性消费者为主,满足变美、变健康的需求为导向,包括生活美容、医疗美容、美体、养生、SPA等。到2020年,生美的市场规模已经超过6000亿元,医美也已经超过2000亿元的规模,如果加上养发、足浴、美牙等,整个泛美业已经过万亿元,这么庞大的数据后面是巨大的需求和人数众多的消费者,可是谁能说清楚她们到底要什么,美的标准是什么,健康的指数是多少。

问题的关键是,很多顾客自己也不清楚到底要什么,拿着镜子对自己说:"这样下去不行了,得去美容院改造一下。"有的干脆拿着"范冰"还是"李冰"的照片对医生说"就按这个整";有的是换工作、换环境的时候，想到要改变形象；抑或是颜值时代轰隆隆地来临，被各种"小鲜肉""小网红"刺激了走进美容院和医美机构。

如果要一句话说清楚，那就是"我要好看、年轻、身材不走样、精气神十足"，这样一个看似明确却十分模糊的需求，就这么放在了广大美业同仁的面前。

纵观整个行业，门槛低，老板和员工普遍学历不高，管理能力相对较弱，行业基础偏差，缺乏基础的规范和标准，线上化程度明显低于其他行业；而美容服务流程长而复杂，个性化要求较高，高度依赖人和手工，再加上行业教育落后，员工职业化程度不高，所以挑战不是一般大，那是巨大。

随着顾客对美和健康的追求越来越高，需求端进入井喷阶段，医美市场每年以20%以上的速度增幅；生活美容，大市场小公司，94%是单体门店，头部连锁品牌不到3%，这几年一直处于整顿前行的状态，年倒闭率接近30%，小店一批一批倒下，又一批批如雨后春笋般冒出来，但每年仍有差不多同等数量的门店在新增。

这个行业的共性问题：顾客层次和服务人员的素质不匹配；消费侧和满足需求的供应侧不匹配；还有一点，行业没有清晰的标准，孰美孰丑说不清，这跟"一万个人有一万个哈姆雷特"是一个道理。于是，问题一大堆，投诉满天飞。

令人欣慰的是，近几年，新旧替换，优胜劣汰，消费者在变化，新技术新工具的出现，以及热爱美丽事业的年轻一代和跨界人才的进入，行业正在发生变化，涌现勃勃生机。

10余年创业，我目睹了整个行业快速崛起又一次一次整顿前行的过程，静博士也在期间经历着成长的痛和乐。因为深入，所以热爱，每每静下来的时候，我就会思考曾经走过很多的弯路。从创业伊始"不知道卖啥，能卖啥就卖啥，做生意赚点钱"，到以自我为中心地认为"我想卖什么卖什么，不管你要什么"，再到2009年企业濒临倒闭，我才幡然醒悟，企业已偏离了商业的本质，远离顾客，走入穷途末路。

我想，没有一个人生来就会对某样东西充满敬畏，往往需要体验过受伤和失去，甚至经历过一些生死攸关、命运相连的事情，才会在心底里浇筑起神圣的高台，存放上珍贵的"宝藏"，不敢怠慢，不敢轻视，不敢遗失，那就叫敬畏。

我就是在重创后，开始敬畏"顾客"这两个字。

人撞了南墙能回头，也算是找到了一条生路。

此后，我经常苦思冥想一个问题：宝马卖的是"驾驶的乐趣"，沃尔沃卖的是"安全"，那静博士应该卖的到底是什么？是减肥、美容、整形、轻医美，还是正骨拉筋？

后来在很长的时间我才慢慢想通：**行业有行业的特性，企业有企业的基因，我们所处的是一个深度人文服务的行业，静博士也有自己的情怀和追求，我们所要传递的是"关怀"，产品和服务都是媒介。**

静博士也有自己的情怀和追求，我们所要传递的是"关怀"，产品和服务都是媒介。

顾客到美容院来，窗明几净、礼貌待客、好产品和好服务，这些都是做生意的"标配"，如何才能让客户满意？要用一个关怀的心去洞察客户对美、对健康深层次的需求，理解她对美好生活的向往，对生命境界的高层次追求，和顾客一起来读懂什么是"美"，什么是"健康"。要告诉顾客：做双眼皮不是越大越美，鼻子不是越高越好，皮肤不是越白越漂亮，身材不是越瘦越婀娜。每一个人都是独立的存在，都有自己特征和基因，我们用专业让顾客找到更好的自己，不是变成一个完全不同的"她"。

用关怀的心去理解顾客走进美容院和医美机构，还有一份内在的渴望：自我肯定、被人欣赏、愉悦自己愉悦他人；用关怀的心去读懂女人对红颜逝去的恐惧，抗衰老本身就是对人生的挑战，是一种积极的人生态度；用关怀的心去体悟在越科技越疏离的时代，女人走进美容院，也许还有一份情感的需求，需要被呵护、被关注、被尊重。

在一个无法高度标准化的行业，用智能化工具去洞察需求，用心去体会顾客每一次体验后的心理感受，用关怀的言行和举措去满足客

户的需求，那才是美容服务的"高配"。

静博士把"静心关怀"定位成核心文化，作为经营客户关系的支点。我们把这四个字进行图文注册，在日常的工作流程和奖励机制中体现出来。

我曾说："一部分人真心待客容易，但所有人真心待客很难；员工没有面对利益时真心待客容易，面对利益时真心待客很难。虽然很难，但我们必须去做。"用静心关怀的文化去引导员工，很难，但必须去做，这是一件长期工程。

我曾在一个夜深人静的夜晚，写下一篇文章《静博士就是我的命运》，以此和自己做内心的确定，并在文稿最后写道："静博士从无到有，慢慢从小到大，承蒙客户和各界的关照爱护，这样的一份情义何以为报？"

唯有用真心、诚心、静心，关怀顾客的美！

从一点点期待到一点点依赖

"你把身体交给我，我把美丽还给你"，这中间链接的是"信任"，但企业和客户之间的信任不是瞬间建立的，需要一个过程。

我把顾客和企业的链接，分成了几个不同的阶段：第一个阶段，是"一点点期待"；第二阶段，是"一点点依赖"；第三阶段是"一

点点兴奋"；第四阶段，则是"一点点忠诚"。

顾客从作为路人到进店尝试，在这个阶段会有"一点点期待"，关注的是门店的环境、服务者的态度、产品和服务的体验感。如果有一点点的不满意，都不会发生长期的关系，她会甩甩头迅速离开，顺带留下一条网络差评。

而如果基本满意，还能超过一点点预期，比如对本次服务比较满意，还认同企业文化，链接就会向下一阶段延伸：从期待到认可。当客户的需求被唤醒，部分被满足，她会产生"原来你们还有几把刷子啊""这真是我想要的""你们有点懂我"的想法。

而这一阶段，企业要从客户需求点出发，了解客户痛点，从点到线到面地提出相应的解决方案，并让顾客看到效果，基本满足客户在功能上的需求。如此，客户就会和企业开始建立基础的信任关系，于是产生"一点点依赖"，慢慢有了一定的情感链接。

当发展到第三、四阶段，顾客就会到处传播品牌，帮助转介绍客户，因为她是打心底认同的。

企业和顾客的关系就是这么一点一点建立起来的。

有一位姓周的女士，苗条又清秀，但她当睁眼的时候，就会发现她的眼部有明显的疤痕，眼皮过宽，整个眼睛显得特别假，和她清秀的形象格格不入。

她从网上了解到静港林院长擅长眼鼻手术，尤其擅长对手术失败后的眼睛进行修复，就特意买了机票飞到宁波，来静港抱着试试看的心理面诊。

林院长评估后，和她沟通，觉得还有一部分改善空间，把疤痕充分松解，眼皮结构按生理结构进行复位调整，告诉她修复手术后会有改善，但不能恢复如初。她当时眼睛就红了，那种渴望明明白白地传达出来，她说："我这几年都不敢去参加社交活动，别人异样的眼光总是让我心情很差。"

术后，在睁眼状态下基本看不出异样，一双大眼睛自然有神。美中不足的是，受条件的制约，闭眼时还是能看到一点瘢痕。但她本人已经非常满意，直夸效果"已经大大超出我的预期"。

接下来，她就成了静港的忠实粉丝，她的需求被唤醒。每隔一段时间，她就会飞到宁波，请林院长帮她做其他微整手术，也尝试了激光美肤，她说："我信任静港，信任林院长，我就一路跟着你们变美了。"

还有一位聋哑姑娘，要做双眼皮手术，细细长长的单眼皮下藏着对美深深的渴望。由于手术过程中需要睁眼、闭眼，配合医生完成手术，可是她听不见也不会讲话，所以跑了几家医院都不接。当她找到静港后，林院长想到了一个巧妙的方法。

那天，另外一家医院的医生来静港交流观摩，全程参与了手术，术后他惊讶地问林院长："怎么做到全程没有沟通，还让她知道该什么时候睁眼、什么时候闭眼呢？"林院长笑哈哈地说："你没有关注到我和她的互动吗？拍左肩闭眼，拍右肩睁眼，拍两下就睁两下。"

就这样，这位聋哑姑娘笑着离开静港，为静港带来了好几位顾客。

这样的案例在静博士数不胜数。

浙江大学的一位老师由于长期伏案，经常腰酸背痛，肩颈问题也很突出，路过静博士的门店时就进来尝试"背轻松"，一次体验下来觉得明显轻松了许多，于是试着办了疗程卡，没想到一段时间以后，不仅腰酸背痛得到了改善，背部也变薄了，连人都显得年轻了不少。她说："以前，我只要一穿连衣裙，背部就鼓鼓囊囊的。现在，我先生说我的背影终于可以称为倩影了。"

后来她先生每周和她一起来门店做护理，在她的推荐下，浙大有好几位老师都成了静博士会员。

满足了客户的需求，解决痛点，信任的小鸟就飞过来了。我们提出"有病去医院，买药去药房，想要更美、更健康去静博士"。

我翻了很多书籍，归结起来，企业和顾客的关系不外乎以下四种形式：买卖关系、粉丝关系、参与关系、利益共同体关系。

静博士和客户到底是什么关系？我们提出，做客户"全生命周期的健康颜值管家"，涵盖生美、医美、养发、形体年轻、脊柱健康、青春荷尔蒙、健康管理等，用多个相关板块的业务服务顾客，用"静心关怀"链接客户。希望，一经牵手从此白头。

"不管生美还是医美，顾客要的是变美"

"不管生美还是医美，顾客要的是变美"，行业分为"生活美容"和"医疗美容"，经营许可完全不同，有严格区分，但是站在顾客的角度思考，她要的是变美，站在顾客的角度思考问题，才能读懂顾客。

在青春期的你，敷最贵的面膜，熬最深的夜，离养生很远，关注脸上的痘痘，想着要不要割个双眼皮，隆个鼻子，整个"网红脸"。

走入生育期的你，产后肥胖、色斑、妊娠纹、内分泌紊乱是心中的痛，"产后修复"就成了你在网上搜索最多的词。你开始注重养生，但往往是一手保温杯，一手高脚杯。

女人到了35至40岁，荷尔蒙呈断崖式下降，看看镜中的自己，观察身体的状态：皮肤不再光洁，身体不再挺拔，头发初白，疲惫沦为常态，不禁感叹："最是人间留不住，朱颜辞镜花辞树。"这个时候，你开始相信好气血才有好容颜，想要去尝试各种养生方法。

到45岁以后，开始担心更年期会不会提前。发现月经量下降，经期紊乱，脸上斑、松、皱、黄等各种问题层出不穷；头发渐白，欲望下降，好奇心缺失，人生无可奈何地进入了后半场。如何活好人生后半场，成为冻龄女人，成为你思考的主旋律。

一个女人从青春期到生育期再到更年期，都有对美、对健康的需求，但也在困惑中前行。你的困扰，我们困扰过；你的痛苦，我们痛苦过；你的探索，我们已经探索过……所以我们感同身受。

读懂顾客深层次需求，理解她们内在的心理感受，我们走过了10余年。

在一次又一次的业务探索中，在一个个自身需求的引导下，我们越来越靠近顾客。静博士以客户为圆点，打通生美医美大健康，用综合解决方案来满足客户需求，并引导顾客健康的生活方式，还把店开到顾客家门口，"你想静静，静静就在你身边"。

多年前，"久痘成良医"的我发现，当时在许多医院和美容院红透半边天的中药面膜和祛斑美白面膜，其实存在很严重的问题。在护理一段时间后，能使皮肤在短期内变得像剥了壳的鸡蛋一样细腻、白皙，但不久后，皮肤因为角质层被破坏，皮肤遇热就会变红，脸就变得极难看；而长时间使用这样的面膜，就会出现色素沉淀，脸色发青发黑；有的产品还含有激素，那就更可怕了，可能导致各种皮肤问题。

于是我想要自己开一家美容院，安全可靠。后来，我们把静博士开到大街小巷，开到同城百店，提出"静心关怀你的美"，从"暖女人""水女人""不老女人"三个维度，用四大项目管理体系去"养出暖体质""养出好肌肤""养出青春态"，我们想传递给顾客"专业、暖心、青春态"的品牌印象。

随着客户需求的变化，医美渐渐兴起，市场需求巨大，但行业很不规范，小作坊、黑诊所很多，甚至出现拖着行李箱走穴的游医无证行医。我们看到过太多触目惊心的现象：整形严重毁容、眼睛不对称、鼻子歪斜、注射奥美定脸上出现肉芽肿、全脸金丝植入后肌肉僵化，还有的使用不当产品造成皮肤腐烂，美容不成变"毁容"。

因为会员对医美需求的推动，也是我们自身对抗衰老的需要，2009年，第一家"静港"医美诞生。这是行业内"生美"迈向"医美"，双美运营最早的一批探索者。

我们为静港配置了很多高端的仪器，当时，台湾医美界的朋友和浙江几家医院的皮肤科医生来参观时，都惊讶于这家小小诊所里竟然拥有全球领先的各类抗衰老美容仪器。

我们请行业专家、大牌医生每月定点服务，虽然成本很高，但对于初涉医美的我们来说，觉得安全又安心。我们把静港定位为：皮肤抗衰与整形美容。"岁月带走的，静港还给你"这个口号一喊就喊了10余年，在静港受益的小伙伴自己还加了一句"上帝欠我的，静港补给我"。

如今，静港医美也是连锁经营，有多家机构，以皮肤美容为主，外加整形外科和妇科私密保养。

开办静港花蕊妇科，是因为很多女性有隐性的需求，也是因为我妹妹的一份情怀。

晓晴在省级妇产科医院工作多年，她一直关注这个领域，认为三甲医院在妇科保健和疾病治疗等领域已经做得很好，但是在性保健和私密保养方面，市场一直相对空白。在西方国家，从孩子的成长早期就会导入性教育，而在中国大家仍常常"谈性色变"。作为女性，性贯穿了一生，而健康和谐的性生活是美满婚姻的基石。

晓晴一直想开一家定位为女性私密保养的妇科诊所，"静港花蕊"由此而生。

而开静元堂脊柱健康馆，则和我一段痛苦的经历有关。

当时，我腰椎间盘突出，疼痛难忍，无法长久站立，四处求医，北京两家大医院的专家都建议我进行手术治疗，用不锈钢腰椎替换。痛过的人都明白当痛到极点的时候是没有尊严的，更谈不上幸福感。当时，我站在北京一家大医院的门口，阳光打在脸上，眼里满是泪水，心想：难道后半辈子要和一个不锈钢腰椎同在吗？变天的时候，一定会非常不舒服吧！

我不想手术，我不要不锈钢腰椎，怎么办？"痛则不通，不通则痛"，曾经从医又从事多年养生工作的经历，让我深刻理解这个道理。

回到杭州后，我每天请技师按摩，用各种仪器通经络打开淤积点，用艾灸、泥灸、热敷等方法保持局部血供通畅，在家里配合瑜伽和倒走，没想到三个多月后，困扰我几年的腰疼竟然慢慢好转了。我喜出望外，对妹妹说："我们开一家治疗痛症的医馆吧！"

我们提出"能治则不手术，能养则不治，用中医内养外治的方法治疗胫骨痛症"。因为自身有刻骨的需求，才对产品有深刻的认知。

2021年刚开的"墨墨告白"白发脱发智造所，就是我们这一代人的需求。人到中年鬓发催，前几年，我就开始关注这个领域的资讯，到处寻找好产品。我跟踪一个草药世家的"白转黑"产品长达两年多的时间，我自己使用6个月后，白发转黑。我看到了这个市场巨大的空间，女人头发一白就显老，谁都想要拥有一头乌黑的秀发，而市场上没有太有效的产品，这是刚需。

"墨墨告白"因此而诞生，告别白发，远离脱发，养发护发。我们提出"墨墨告白，人生不留空白"。

静博士从生美到医美再到大健康服务业，从常规养生到八大体质调理，从面部保养到颜值管理，从美容师到健康管理师，再到顾客全生命周期的健康颜值管家，这是一份匠心追求。

大美产业链的布局意味专业细分，从通用化的服务变成差异化、深度化的服务，细分客户的价值需求。静博士自行研发的"喜鹊喜报"IT系统、数据中心等正在逐步实现客户的精准触达，我们已经开始尝试用AIOT智能工具去洞察客户的需求。

这样，静博士从以服务品项为中心的交易型模式，逐渐向以客户价值需求为中心的关系型服务模式进化。

有时候，我细细想来：在业务发展的背后，仿佛又是冥冥之中命运的指引。人生都是经历的总和，很多事情看似偶然却是必然。

在多年前，我和妹妹晓晴不约而同选择了学医，毕业后都去了大医院工作，不同的是她在妇产科病房，每天迎接新生儿的到来，看到的都是希望之光；而我在重症病房，每天忙着抢救，默默地送走病危的人。

在一迎一送中，命运让我们目睹了生命的深情和疾病的无情，理解了生命其实很脆弱，就在那一呼一吸之间，由此更明白健康的珍贵，懂得医疗的严谨。

在我们很年轻的时候就领悟到：**为人最重的使命，就是照顾好身体，活出鲜活的自己；为人最大的深情，就是为了爱你的人和你爱的人，活得久一些、好一些、美一些。**

我想，经营一份美容健康事业，这就是我和晓晴的命运。

超越顾客的需求是企业的追求

一个客户带来100多个朋友

超越顾客的需求特别难，但一定是经营的真谛。

海底捞将服务做到了极致；苹果将产品做到了极致；埃隆·马斯克把创新做到了极致。一切超越人们期望的东西，都会带给人们美好的感受，让世界因此而更美丽。

而身处非标的美容产业，唯有竭尽全力在功能层面和情感层面获得突破，超越顾客的预期，才是加分项。

静港医美的程院长曾经收到过一个特别的奖杯，是一位林女士特别定制的，上面刻着"静港程卫民——华东地区金牌一把刀，忠实粉丝团"的文字。

林女士，85后，服装老板，身高1.5米，体重130斤，两年前走进静港，不自信也很敏感多疑。程院长建议多次小部位抽脂，先从手臂、背部再到腰腹、大腿，把抽出来的脂肪填充面部凹陷处及胸部。

半年后，林女士从"圆圆的胖妞"蜕变成了娇小玲珑的女人！两年来，她还接受了其他微整项目，越来越漂亮，整个人洋溢着自信。每次到静港复诊，她见到不认识的顾客都会主动分享，讲自己整形的心路历程。

她说，自己是服装老板，之前打版出来的样衣全部是请别人代言，现在却是自己当模特拍照，晒朋友圈。她在分享的时候，眼波流转，神采飞扬，满满的幸福感。她老公从东北特地打电话来感谢，说："我老婆变化太大了，连性格也变好了。"他让老婆给静港送来锦旗，同时给程院长送来了奖杯。

超越顾客的期望，才是美好关系的开始，不然都是一般的商业关系。这个时候，这条链条才开始向下一个阶段延伸，到一点点依赖，再到一点点兴奋。

所谓"一点点兴奋"，就是解决了痛点，触动到痒点，让顾客看到了自己明显的变化，变美、变瘦、变健康，从身边人那儿听到了赞美，内心变得更加自信，从而产生能量，获得心理上的满足感、愉悦感，于是不由自主地想要和人分享，想要邀请朋友、亲人一起来感受。

有一位顾客因为一盅苦瓜排骨汤超越了自己的期望，而和我们发生了深度链接，甚至把妈妈也带来接受服务。

这位顾客个子高挑，身材苗条，穿着收腰的西服套，从背后看绝对是大美女，但转过身来却皮肤油腻，满脸痘痘，还有粗大的毛孔。一次偶然的机会，她在一家静博士门店附近办事，正好有些空隙时间，就在大众点评上下单来体验静博士的项目。接待她的店长是一位老员工，边观察皮肤边聊天，闻到了姑娘嘴里很重的异味，于是，店长便安排她先去体验，然后去隔壁的菜场买了一点苦瓜和排骨，小火炖上。

一个多小时以后，护理结束，当姑娘看到手上温热碧绿的苦瓜汤，深感意外，看着店长。"一切面子问题都是里子问题，你外在要调皮肤，内在更要调身体。在家可以从调整饮食习惯开始……"店长娓娓道来，告诉了她不少调理方法。

姑娘笑着说："我有很多美容院的卡，也经常去，但皮肤一直不见好。今天冲着这碗苦瓜汤，我就在静博士试试你们的护理，看看效果如何。"

就这样，从几十元体验开始，到疗程卡再到VIP客户，皮肤靓丽只是第一步，后来又去静港接受微整项目，整个人美丽蜕变。一年后，她还把自己的妈妈也带了来，笑哈哈地对店长说："我把过年送老妈的红包改成了送你们的卡。我觉得我妈的脸得拉一拉！"

静博士还有一位老客户，因为服务效果超越了她的期望，先后为我们带来100多个客人。

她是一位四十几岁的大姐，多年肥胖，尝试各种方法都没有很好的结果，所有认识她的人都知道她是一个热心的胖姐姐。在静博士经过两个瘦身疗程后，她彻底改变了形象。所有的朋友看到完全不同的她都不禁张大嘴巴，她就乐呵呵地和健身房、瑜伽馆、工作单位的所有人分享，这就是口碑的力量。

通过多年的专业经历，我们发现不能只看到"痘痘""过敏""红血丝""肥胖"，或者感受到"胀、坠、冷、痛"，护肤和调理亚健康都要标本兼"调"，抓不到根本问题，效果不会明显，而且一定会反复发作。

阿里的一位IT精英，因为乳房胀痛走进静博士，胸部按摩加上通经络，效果很明显，这是她对静博士的第一道认知；后因为胸背部湿疹，在医院治疗后时好时坏，在店长的建议下先调理亚健康，一段时间后，亚健康症状消失，湿疹也随之消失。

很多时候，从根上调理到位，显性的问题就会随之解决了。人体是一个系统有机体，有些症状是身体的暗示；有时候，还要去理解问题后面的"物质基础"。

比如，一个人脾气暴躁，可能是因为肝火太旺，或者处于更年期，内分泌失调；一个人皮肤反复过敏，可能是免疫力低下，也有可能是长期处于高压状态。有些问题，需要专业加上用心去解决。好比顾客正好肝火很旺，美容师捧上一碗"冰糖雪梨"，这个小小的举动，也许就超越了期待。

让服务可复制不减分，可以解决信任度和收获80分的满意度。但是，无差别对待并非每一位客户的期望，分层分级地加以"偏袒"，投其所好、体贴入微的个性化服务是超越客户需求的本质。除了数据洞察需求以外，必须**要把一线员工真正激活**。

陈春花教授讲过一个故事："记得有一年我跟同事一起坐船去南极，路上不小心把住在同舱的同事的手机弄丢了，翻完了所有行李就是找不到，只好答应赔偿，约同事去甲板上聊天散心。没想到的是，当我们再次回到房间时，打开舱门就看到床上有一个用毛巾叠出来的小企鹅，正抱着同事遗失的手机静静地等待主人的归来。我们两人都不由得大叫，那是太美好的一个瞬间，也成为我这次旅程中印象最深刻的记忆。后来，我才知道是打扫客房的保洁员在清理时发现了手机，于是就用一双巧手叠出了可爱的小企鹅。在这之前，我们一直觉得旅费实在是太贵了，可在收到这只毛巾企鹅之后，我们都觉得太值了。"

陈春花教授说："很多人都认为服务是需要经过周密的设计和培训的，总是希望自己设计出来的服务环节能带给顾客惊喜。然而事实上，**服务最重要的是行动，而且是一线员工的行动**。"

员工和客户建立了美好的关系，顾客又认可企业的文化，他就会用时间这个最宝贵的东西来证明"我对你的需要，我对你的认可"，慢慢地还会参与进来，变成"我愿意帮你们进步"。

"你照顾我的生意，我照顾你的身体和容颜"

情感链接，这对服务业来说非常重要。

静博士有一对特殊的顾客。妈妈是一个商人，来往于杭州和山东，有时候业务繁忙就会在山东住上很长一段时间，而她女儿罹患小儿麻痹症，行动不便，为了避免肌肉萎缩，必须长期坚持按摩。于是，她的妈妈就在女儿14岁的时候，为她在静博士办了年卡。

由于小姑娘自身行动不便，家人又很忙，想要定期到店接受护理实在不是一件容易的事情。为此，门店的小伙伴们坚持每周两次接送这位小顾客，每次把她从家里接到店里，又从店里送回家里。不管刮风下雨还是烈日当空都从未间断，这一晃就是整整7年之久，孩子从14岁直到20岁上大学，门店中途换过几任店长，却都坚定地履行着这份"爱的接力"。

我知道这件事情是小伙伴们默默服务小姑娘3年以后，于是，派内部电视台的记者去采访小姑娘时，她说："我家住后面的小区楼上，姐姐们每次来背我，护理前经常帮我洗头洗澡，有时候还一起去门店楼下吃馄饨。尤其是下雨天，需要一个人撑伞，另一个人背我回去，我初次月经的卫生巾还是姐姐们帮我买的。她们很爱我，我也很喜欢她们。"

孩子的母亲一直很感激。她说，因为疾病，女儿从小就很内向、很自卑，尤其不愿意和亲属以外的人交流，后来在静博士接受护理，性格才越来越活泼开朗起来，感恩静博士，为孩子找回了欢笑。女孩高中毕业的时候，小伙伴们送她小礼物庆祝毕业。那天，姑娘拍了很多照片，晒朋友圈，那一张张的笑脸洋溢着青春的气息。

还有一位顾客是西银店的老会员，在遭遇车祸后腿脚受伤，需要坐轮椅出门，来店很不方便。美容师就尽可能根据客户的需要上门提供服务，或是接送顾客往返，至今也已经持续5年。顾客和小伙伴们建立了深厚的感情。

也许"一次遇见，不经意中是最好的相遇"，对于双方都是一样美好的经历。

有时候，一句感同身受的问话，可能就给了顾客温暖的瞬间。

延安店有一个性格内向、冷淡的顾客，是一位事业颇有成就的女士。几位服务过她的美容师都认为其特别"难伺候"，却始终不明缘由。有一次，一位刚满20岁的美容师在为她通经络时，提议她做胸部护理。她犹豫很久，终于同意了。

当她平躺着，美容师掀开床单的时候，看到这位顾客的胸口竟然有一道长长而又狰狞的疤痕。她一侧的乳腺被切除了。顾客身躯僵硬地平躺在床上，紧闭着双眼，语气冰冷地问："你被吓到了吧？"

美容师停顿了几秒钟，双手有些颤抖，轻轻地问："姐姐，当初你一定很痛吧？"就这一句感同身受的问候，顾客的泪水转瞬间夺眶而出。

从此以后，这位顾客就一直指定由这位年轻的美容师服务，客户慢慢变得愿意和美容师分享她的过往、曾经遭遇以及她对生命的认知，慢慢能从她的脸上看见笑容了，偶尔也会一起开开玩笑，就这样共同走过了8年。

当下，不少人长期处于隐性的孤独状态，虽然身边不乏同事、亲人，却整日忙于工作和操持家庭，缺乏自我表达和情感抒发的渠道。

尤其是一些成功的社会精英人士，功成名就的同时，由于长期以来的利益纠葛，身边越来越缺乏纯真的关爱，聊以慰藉的孩子们也逐渐长大成人各奔东西，环顾周遭却无人愿意静下心来倾听自己内心的声音。

而有的全职太太微笑着面对家人，有时候内心的寂寞无法排解，往往需要一个纾解的通道，很多人选择走进美容院。

因此，主动伸出双手"拥抱"顾客，和顾客在情感上有一定的共鸣，往往能够得到客户的认同感。

一个梅雨季节的午后，天空中的乌云黑压压，空气中弥漫着湿漉漉的水气。静博士一家刚开张不久的新门店，迎来了一个面色阴郁的顾客。

进护理间一刻钟后，美容师就慌慌张张地冲了出来，一副被吓得手足无措的样子，向店长描述："那位姐姐一句话都不说，她一直在哭，哭得可伤心啦！这……这可怎么办呀？"

店长走进房间一瞧，客人的两颊还满是泪痕，却已经自己穿好衣服坐了起来，显然没了继续接受护理的打算。不论店长如何询问，她就是闷闷地不作声。最后，店长只好安慰说："您心情不好的时候可以来我们店里，有很多话要是不能跟家里人说，跟我们讲讲也没有关系，因为咱们谁也不认识谁。您就权当发泄情绪，免得闷在心里憋坏了身子。"

直到这时，这位顾客才愣愣地看了店长一眼，问出一句："你们这儿怎么办卡？"

这位特殊的顾客买了一张新客卡，就默默地离开了。顾客再次到店之后，店长和顾客闲聊，可话题一提及顾客的丈夫，她又立刻忍不住潸然泪下，看来问题出在家庭关系上。

几经交流，店长疏导顾客的情绪让她大哭一场之后，才从她口中得知了其家庭状况。这是一位在重组家庭中的全职太太，丈夫是个投资界成功人士，总是嫌弃太太缺乏能力，没能持家有道，家里请了三位保姆和专职的司机却还是一团糟，也从来不把太太带出去参加社交活动。而这位太太个性朴素，平时不加修饰，没能赢得丈夫的欣赏，两口子经常吵架。

在多次服务过程中，店长不断开解，从第三方的角度帮她分析："姐，其实全职太太是一项需要花很多时间和精力去经营的事业，比一般的上班族还不容易。你老公事业有成，想要的肯定不是一个终日在家带孩子的保姆，而是一个在内管好家，在外又能够容颜靓丽地参与社交，对丈夫的事业有所帮助的贤内助。我认识一个服装设计师，周末你要不要一起去？"

潜移默化中，这位顾客在改变。之后的一年多时间里，员工看着她越来越注重保养，皮肤一天天变得红润细腻，身材苗条，穿着时尚，像是换了一个人，变得主动、开朗、容光焕发，夫妻关系也明显改善。

其实，一个人的长相就是灵魂的模样，英国文学家罗素曾说："一个人的脸，就是一个人价值的外观。它不仅藏着你的生活，还藏着你正在追求的人生。"

有研究客户关系的专家说："为客户提供商业消费以外的情感寄托和社会资源，使双方的链接从单纯的交易关系逐渐走向以兴趣爱好、生活态度为核心的社交关系。由此在客户关系上建立更加牢固的纽带，始于交易，而又超越交易本身。"

我的想法很实在：客户照顾我们的生意，我们义不容辞地照顾她的身体和容颜，必要时也要照顾她的心情。这也是静博士"静心关怀"文化的核心所在。

顾客差评就是耻辱

顾客投诉表明没有放弃我们

"我投诉你，表明我还没有彻底放弃，希望你们能给我一个说法！"

静博士每年几十万人次的服务中，不免会遇到各种客户投诉。其中，有一件让我印象深刻的投诉，顾客连续写了7个差评，最后店长哭着要离职。

原来，这位顾客是一名新客，通过第三方平台团购了一张体验券，致电门店预约护理，不料前台在登记电话时出现纰漏，手机号码中记错了一位数。

炎炎夏日的午后，到了约定时间，店员想打电话提醒顾客，却发现无法联系上对方。于是，店员在等待一刻钟后就把预留的房间安排给了其他会员。没过多久，这位顾客急匆匆地赶到，说："我是那天打电话来预约护理的，来晚了……"话音未落，店员就说："抱歉，刚给您打电话打不通，您晚到了半小时，所以现在没房间了。"

一个人顶着烈日大老远驱车前来，明明预约好的却被晾在了大厅，顾客顿时火冒三丈，说："我是第一次来这里体验，从地下停车场摸上来花了有半小时，来之前你们也没说超过时间就会被取消这样的规则啊！"

店员的态度也有点不耐烦了，说："我给你打电话了，是在电话打不通的情况下才把预约取消，把房间给别的会员。因为不确定你还来不来，什么时候来，现在门店都很忙，所以不可能让房间空着无限期地去等你一个人。"这么一说，顾客的火气更大了，指着她的手机说："你看看我的通话记录，我没有接到过电话。你们打错电话号码了，怎么能怪我？预约的时候，我报过两次！我迟到是因为第一次来走错了路，找了一个电梯却发现无法到达，只好又找了另外一个电梯。你难道不应该提醒我怎么找到店里吗？但是你们什么都没有做！"

"是你迟到了被取消预约，我有错吗？"

一时间，气氛在双方的对峙中降至冰点。

于是，就有了7个连续差评，顾客在第三方平台上留言："……她们把我的预约取消了，把我一个人晾那里，态度很差，也不跟我沟通……其实，只要致歉或者态度很好地进行沟通，我是可以接受的，但是她没有……"

客服部了解到整件事情之后，给顾客真诚道歉，又带着鲜花和护理卡登门拜访……事后，客服部把门店所有成员约到总部召开专门会议。起初，店长还觉得委屈，一个订单就收到了7条差评，被总部批评又要扣KPI，她的内心也扛不住，眼泪哗哗地流，觉得"团购客人就是难搞"。

我妹妹晓晴参加了这次会议，请所有人换位思考："换作是你，又当如何？难道顾客觉得写7条差评很好玩儿吗？那是她在表达强烈不满的情绪。顾客选择我们是对品牌的信任，当出现不满情绪时，会希望得到认真积极的对待，得到一个合理的解决方案。相反，我们应该感到庆幸，相比起那些不满意也不来投诉，但是从此不再登门的顾客，她给了我们第二次机会！"

"在这样的大热天赶来门店，就是我们要珍惜的顾客，静博士的客户是一个一个关怀出来的。"没错，**投诉并不可怕，真正可怕的是客户放弃我们。**

这次重大投诉我很多思考，提出"顾客不满意就是耻辱"，全公司上下严抓"以顾客为圆点"的价值观教育，只有思想到位，行为才能跟上。

让每一次投诉，成为助我们成长和预警管理的一次案例。

我们会发现，当问题发生时，很多员工会去跟顾客争论对错，其实这一起心动念，方向就错了。跟一个发火的顾客论对错，就如丈夫和妻子吵架时，丈夫要和妻子讲道理一样。只有足够的爱，丈夫才会让着妻子，我们对顾客也要内心有爱去面对她的"不满"。

无论对错，只要没有照顾好顾客的情绪，就是我们不对。等处理完情绪，然后直面问题，提出解决方案，事情也许就迎刃而解了。

珍妮尔·巴洛和克罗斯·穆勒曾在《抱怨是金》一书中提出，别将客户的投诉视为洪水猛兽，要积极面对，化被动为主动，恰如其分地处理、协调、化解。如果方法得当，顾客的不满最后还会成为帮助企业提高产品质量、改善服务品质的催化剂。

美业客户投诉的主要是三个方面，一是服务态度，二是专业技能，三是销售氛围，而服务态度在投诉比例中是占比最大的。客户在门店体验的感受，与期望值不符，就会产生不满：服务态度不好，心不在焉；偷工减料，缩短服务时间；夸大效果，销售氛围太浓；手法不到位，经验不足；对客户的需求把握不住。

如何用柔软的内心去面对投诉，去感受她的需求，就要不断地问自己：客户出现投诉的动机和情绪，背后真正的原因是什么？

我们客户服务部的部长在企10余年，她说："面对投诉，首先思考，顾客为什么投诉？内心受到了什么伤害？如何挽回她对我们的看法？用内心满满的爱去和顾客沟通，让对方能感受到我们的诚意；错了，要真诚道歉，再给出解决方案。妥善处理顾客投诉，客户会再次成为会员，有时候会成为最忠诚的客户。"

客户投诉，照见了企业的问题，给了员工反省的机会，更给了企业努力改进的方向。投诉处理不当，客户和企业的关系就会出现裂痕，顾客会选择放弃企业，甚至引发更坏的结果；而如果处理妥当，就可以在和客户重新连接的过程中建立感情，也能促进企业在管理上的进步。

为了能及时发现并解决顾客的潜在投诉，我们推出了"董事长个人号"和客服投诉热线，结单时在"喜鹊来了"微信小程序上设置反馈功能；通过微信公众号、小视频等主动告知顾客产品安全、消费透明、服务流程等信息，以消除顾客的疑虑。

其实，**顾客都是用脚投票的，想要讨个说法，表明顾客心里还没有完全放弃我们**，所以企业要把客户投诉作为改进服务、提升管理能力的原动力，以此为镜，照一照自己。

我认为，**处理投诉最能看出一家企业的初心和价值观：面对问题，能不能站在顾客的角度去思考他的感受；企业是否有决心对自己动刀，修正自己。**

我曾经读过莫罕达斯·甘地的一段文字："他并不依赖着我们，我们却依靠着他；他并没有打断我们的工作，他正是我们工作的目的；他并非我们业务的局外人，他是我们业务工作的一部分；我们为他服务没有恩泽于他，他为我们提供服务的机会，却是在施惠于我们。"

感谢顾客施惠于我们，顾客的存在才是我们存在的意义。

我想只有怀着这样的感恩之心，才能去面对每年几十万次的服务和一些客户的投诉，才能对已经或即将出现的断痕进行修复，甚至因为相互加深了解，超越原有的感受，让顾客"满血复活"，重建情感的纽带。

静博士总结应对客户投诉"五步法"：

一、必须要制定投诉处理接待流程。很多时候，一个简单的投诉往往会因为服务人员的接待态度不佳或处理过程混乱，而让顾客认为是企业在推脱，导致投诉升级。所以，给店员一个清晰的投诉接待流程，不仅可以提升顾客满意度，还能提高工作效率。

二、起心动念要站在客户角度去面对投诉。在和顾客沟通时，记住一个原则：表明态度，绝不推诿，然后先处理情绪，再处理事件。做一个真诚的倾听者，认真聆听完顾客的不满，不要轻易打断顾客的诉说，让顾客平静下来。切忌用"这不可能""你弄错了""你别激动""你可能不明白"等语句，可以用"您慢慢说，您的问题我们会帮助解决的"。

三、听完顾客的倾诉后，诚恳地表示抱歉，让顾客知道店员已经了解了他的问题，比如："对于给您造成的不便，我们很抱歉。"

四、用正确的提问方式确认和搜集足够的信息。顾客在过多表达情绪时，就会省略一些重要信息，这时店员要委婉提问，了解更多信息，以便帮助解决问题。

五、在确认顾客真实问题后，做出适当合理的解释，不要让顾客觉得有推脱嫌疑，真诚给出解决方案。切记"第一关联人""第一时间""第一场地",三个"第一"是有效解决投诉的关键。

推出"个人号"接受监督

对于开一个和顾客面对面的"董事长个人号",其实我曾经纠结过,心想:和客户分享、互动,甚至接受投诉,这是客服部的事情。我每天这么大的工作量,是不是自找苦吃,被套上"紧箍咒"呢?

2018年的冬天,我看了《奈飞文化手册》,去理解文化是奈飞成功的原动力,去理解思想传播的重要性,又和客服部的同仁们做了一次深度沟通后,我在书房内一个人反思:自以为很了解顾客,也许并没有真正听到他们的声音,更没用心去感悟顾客的需求。

有一天,我和妹妹在外学习,晚上在海边漫步,海风有点冷,我说:"我想了很久,觉得客户在哪里,我们就应该在哪里,我想要把所思、所想、所做和顾客沟通,让更多的客户知道企业的价值取向和业务发展方向,同时也接受顾客直接投诉。所以,我想开一个董事长个人号,你看如何?"晓晴眼睛亮亮地看着我:"姐姐,我非常支持,有些客户互动的内容我可以出力。"

没想到,回去和高管们沟通,大家一拍即合:"祝总,传播思想很重要,我们能干的事情,你不用干;我们干不了的,你干。"那一天,大家都很兴奋,心头有点热。

在同质化竞争的时代，亮出人格，推出"董事长个人号"，一是传播思想，企求共振；二是倾听心声，接受监督；三是搭起一座链接的桥梁。

在"董事长个人号"上发的第一篇文章就是《静博士的大健康初心》，文中写道：

服务者必须有爱，要用爱去传递关怀和温暖。我们把技师称为'爱的手工艺人'，用手让顾客身心放松，用专业调理亚健康，用心传递关怀和爱。静博士人所有的努力就是要抓住这个时代的机会，实现人类亘古的梦想，让客户活得长一点、好一点、美一点！

在静博士15岁的那一年，我又在个人号里发问："15岁少年，因为我世界有何不同？"我不算高产，但只要脑中有一些思考或者灵感，就会写一些文字和会员互动：《未来生活，因何而美好？》，去寻找美好生活的意义；《因变化而进化》，美业如何感受时代变化，找到自我进化的力量；《万物之中生命最重》，从多起猝死事件谈谈生命的脆弱，去探索我是谁，从哪里来，又将走向哪里，如何健康地过好这一生；还有《怎么和家人同频共振》《和孩子的相处之道》《怎样做一个温暖的手艺人》……我也会把企业近期的动态放进去让大家知晓，把每一年对同行的新年演讲稿放在个人号上，和同行互动。

通过个人号，我不仅分享人生感悟、创业故事、管理经验，也分享静博士的快乐点滴、旅游见闻、职场知识、生活杂谈等（接下来我们会做改革，用短视频的形式和大家见面）。

我在个人号里还可以更好地倾听顾客的心声，接受大家的监督。有表扬美容师或店长的；有投诉员工服务态度和服务体验感的；有推荐新址和房源的；有请教孩子教育问题的；有和我探讨创业心得的；还有来给员工介绍对象的……

我们通过这个平台还招募了"神秘客百人团"，特邀投诉客、新客、社会名流等不同层面的客户群，不定期去不同门店感受服务，并点对点反馈。

2020年，在疫情期间，我们推出了"安心九诺"：在账户透明、产品质量、护理用品"一客一换一消毒"、医疗机构医护人员全部持证上岗、客户资料建立保密制度等方面，明明白白地告诉会员静博士的管理，给会员一份安心的承诺。

面对投诉，我会第一时间让门店先面对，然后再让客服部介入，妥善处理。我认为最好的监督不是公司总部的某个部门，而是终端的客户参与进来，那么就算有个别员工心怀不轨，也是"天网恢恢，疏而不漏"。企业人多了，真的无法保证每一个员工行为纯洁，但是要把底线放出来，接受社会各界的监督。

我让企划部把个人号的二维码张贴到前台、洗手间、休闲区，在流程里要求员工对客户说："这是我们董事长的个人号，您可以和她面对面交流"。当企业摆出这样的态度时，员工的侥幸心理就会小很多。董事长个人号为顾客建立了快速反馈通道，无形中让员工心存敬畏，诚心改善服务，提高服务意识。

有一件事情，当时反响很大。那是我在董事长个人号里曝光了一件客户的重大投诉。

近日，我收到顾客的重大投诉……向大家曝光，不为别的，只想不复再犯……

事件回放：公司一位干部在上班时间请静港的外聘专家做面部微整手术，造成顾客在约定时间到达后长时间等待，以致她接孩子迟到，引发重大投诉，也造成另一位顾客的手术时间推迟……公司在调查整个投诉事件后，对顾客真诚道歉并做补救措施，同时召开全体员工大会对院长、医生、责任人严肃批评、留职察看，并处以罚款，重申了医疗卫生管理质量、手术室管理条例，抓医疗质量、抓流程、出具干部自律规则等。

经历了这起事件，如若不引起重视，不严格管理，不敬畏医疗，未来这样的错误还会再犯，企业就不会有未来。静博士的核心价值观不是光在嘴上说的，也不仅仅是挂在墙上的，而是要去践行的。

今天我们坦诚面对，积极解决，不遮掩，不搪塞，也请社会各界及会员朋友监督我们，帮助我们进步。

时至今日，"董事长个人号"已经成为我了解企业一线经营管理状况所不可或缺的平台之一，也使我得以和广大的顾客更加紧密地链接在一起。

锁定一群人，服务一生一世

价值观的认同才是真认同

2019年的9月，丹桂飘香，我和一位高管前往广州参加美博会，在杭州萧山机场过安检，一如往常地放下背包脱下外套，把手机和机票一起放进检查篮子。我抬头发现一位身着机场工作服很帅气的姑娘，眉眼生动地笑望着我，等我走近，她开口打招呼："你是静博士的祝总。"

我不由得有些诧异，不认识她，便懵懵懂懂地点头应是。她笑得更深："我是静博士解放店很多年的会员，在你们的宣传刊物上看过你的照片，很熟悉，所以第一眼就认出你了！"

然后，她简单地说了她在静博士所做的护理和效果，然后说，很喜欢那一批小伙伴，也很认同静博士的企业文化。

一位素昧平生的顾客，在茫茫人海中一眼就认出了自己，我内心欢喜，连忙客气地向对方致谢，感谢她对静博士的支持，然后道别离开。半小时后，我和同伴在登机口候机聊天，这位帅气、白净的姑娘匆匆过来，塞给我一杯热腾腾的星巴克牛奶，说："祝总，这是给你的牛奶，祝你一路顺风！你不认识我，但我认识你很久了，了解你和你妹妹的创业故事，我非常认同你们的价值观。"

这一刻，她眼神中的真诚、话语里的热情，像是融化在了温暖的牛奶里，流淌到我的心头。我想即使是在多年以后，也不会忘记这杯热气腾腾的牛奶。

那天我很感慨：**员工言行中传递企业文化，顾客就会收到，慢慢会产生对品牌和创始人的认同及信任。**

在机场，我和高管默默确认眼神：如何回报这样的客户，唯有更加用心的服务。

美业是一个深度服务的行业，是一个无法高度标准化的行业，不像餐饮业，"酸甜苦辣"相对能说清楚，什么菜系还是简单明了的。美业要满足各类客户的需求其实很难，所以，如履薄冰。

员工言行中传递企业文化，顾客就会收到，慢慢会产生对品牌和创始人的认同及信任。

亚里士多德认为人与人的友情基于三个方面：一是利益，二是快乐，三是德行。第一和第二种关系是互利、取乐的关系，会随着环境的改变而改变，但是人与人真正的友情必然超过利益和欢乐（时常也包含在里面），奠基于德行之上，以信任为基础，这样的感情一定是尊重、帮助、互相鼓励，真诚地希望对方好。

企业和顾客，在很多时候是商业关系。但是，**当双方渐渐认同价值观后，会觉得是同路人。**

有一位顾客带着体重220斤的儿子来咨询，希望通过手术吸脂达到瘦身的效果。咨询老师进行全面检查后，给出全套的解决方案：先做林蛙减肥，辅以泡药浴，加强运动，主动运动和被动运动结合，提升血液循环，促进脂肪代谢；先减内脏脂肪，再做局部体雕，然后在减不下去的地方施行小部位抽脂。这位美女咨询老师讲得很专业，男孩被说动了，他妈妈非常感慨："我儿子很懒，就是不肯运动，又好吃，才会这么胖。没想到被你们打动了，真是太好了！"

半年后，他已经"高大帅"了，而且养成了健康的生活习惯。

一家美容院的调理方案，蕴含着企业的价值观。

2020年，静元堂重整开业那天，老客户田阿姨送来了鲜花。田阿姨因为腰椎间盘突出引发疼痛，多年来每周两次来静元堂，雷打不动。她每年都会做全面体检，并把体检报告拿来给我们的医生看，有些小毛病也会和他们交流，在疫情期间无法到店，我们就派技师上门服务。她经常说："我对你们的治病理念——能治则不手术，能养则不治，用中医内养外治的方法治疗痛症——是很认同的。你们在我家附近，已是我生活的一部分。"

一家医馆的治病理念，蕴含的就是企业的价值观。

静港医美经常会拒绝一些客人，甚至有的是已经付费的顾客。

静博士的一位顾客，患有慢性肾病，检测报告上尿蛋白指标持续三个加号，第一次到静港医美面诊，要求抽脂，医生从专业的角度告之这是手术禁忌证，不能做手术，建议用无创或者微创改善衰老症状。半年后她又来了，希望手术解决肿眼泡的问题。医生再次告诉她这是肾病的缘故，才会眼睑水肿，即使治疗，术后伤口会很难愈合，建议顾客积极治疗肾病康复后再来静港。

顾客低着头离开，她对店长说："你们很有原则。"因为这件事，她成了我们多年的会员，也带来了几位朋友。

还有一位顾客，已经交了面部线雕的手术费，术前化验发现血糖指数很高，就让她先去医院诊治。一段时间下来，血糖还在高位徘徊，可顾客很想变美，就说不碍事，有什么问题她自己承担。院长看出她很迫切，就要求员工陪同她去做检查，指标仍旧不正常，就把钱退给了客户。

她当时就急了，说："又不是大手术，你们有钱都不赚！"，尽管她没有做成手术，但不久后却把她妹妹带来了。

这样的故事在静港经常会发生，有一位想要做丰胸手术的顾客也是交了钱，后来因为身体不合适进行手术，我们就把钱退回给她。

一家整形机构的医疗原则，同样蕴含着企业的价值观。

经营企业不是做一天两天的生意，而是要长长久久地走下去，那就不能急功近利，尤其和人的身体有关。静博士一直认为：**我们想做你的生意，但是希望你好；我们想要赚钱，但一定要赚睡得着觉的钱**。这就是我们的价值坚守。

"我是你生活的一部分"

"从卖服务到卖解决方案，再到倡导一种健康美丽的生活方式"。这是我们对美容健康事业的深入理解，是随着年龄的增长，对生命本质的渐渐参悟，更是根深蒂固的价值观所带来的抉择。

想要变美、变健康，自己永远是主角，服务者是配角。身体是每一个人的，唯有健康的生活方式，才能真正让人精神焕发、容颜靓丽，其他都是辅助。

"顾客全生命周期的健康颜值管家"要从客户需求出发，根据客户的需求和问题提出综合的解决方案，其中很重要的一环，就是督促顾客拥有健康的生活方式。比如顾客来静博士减肥，美容师在群内跟踪顾客的饮食和运动，三餐吃什么，每天要消耗多少卡路里。

我一直认为，身体不会说谎，反会预警，有时候一些亚健康带来的身体不适，其实是内在求救的信号；还有，经常性的负面情绪往往是生病的源头，如何调理情绪也是需要管理的。

所以，我们每年开多场"健康饭局"，和会员聊的话题就是女人如何快乐，如何积极乐观地面对人生。慢慢地，我们觉得应该有一个组织来承载，于是，推出了"AIWO俱乐部"，定期举办读书活动、旗袍派对、养生讲座、美容课堂、形体训练等各种活动，邀请顾客和专家面对面交流，去游历山川，吐故纳新。

我们就像顾客的邻居，见上一面，一起聊聊，女人的一生要修四质——体质、肤质、气质和心灵品质。著名作家林清玄说："三流的化妆是脸上的化妆，二流的化妆是精神的化妆，一流的化妆是生命的化妆。"可见，女人内外双修，才能达到一种真正"美"的状态。所以，肤质、体质、气质和心灵品质是女人一生的必修课。

就这样，我们慢慢地成为顾客生活的一部分。

2021年春节前，杭州市政府向每一位留杭人员送出1000元的新年红包。静博士响应政府的号召，也"加码"向留杭员工发了红包，还送了特别的"过年大礼包"。

小年夜前的那天傍晚，我去静博士浙大店隔壁的美发店洗头。很巧，老会员宋姐也在做头发。宋姐看到我，高兴得像是见到了老朋友，马上坐在旁边和我拉家常，聊员工留杭过年的事，她对我们门店的事情甚至比我还了解。

静博士和宋姐确实算是老朋友了。她记得这家店的每一任店长，了解这家店的每一位员工。平时不管做不做护理，她都喜欢到店里来和姑娘们聊聊天，也喜欢和她们分享快乐。

三年前，浙大店迁址重新装修，开张定在早上9点18分，店里迎来的第一个客人就是宋姐。宋姐进门就大声地对店长说："我送大红包来了，祝你们开张红红火火。对你们的事情我比对自己儿子的事情还要重视，等你们开张后我再去帮儿子。"那满脸的笑容，开心的笑声，和姑娘们的亲热互动，我都暖暖地记在心里。

我笑着感谢宋姐这么多年对静博士的不离不弃，宋姐指着剪头发的黎师傅说："我和他的时间更久，有20多年了，那时他还是美发店的一个学徒，小鬼头一个。要是他没做好，我是要骂的。"黎师傅笑看宋姐。

这样的笑容和对话，应该是服务者和顾客之间最温暖的场景。

记得曾有一天晚间，一位拎着蛋糕的顾客走进门店笑着和小伙伴们打招呼，说："今天是我的生日，我想跟你们一起过。"小伙伴们一阵欢呼："须姐姐，生日快乐！"

"我和你们相处的时间，比和家里人还多。我身体不舒服的时候，丈夫、儿子各自忙着，是你们不停地关心询问，还陪我一起去医院问诊。我是静博士15年的会员了，在我的心里，有时候你们比我的亲人还亲！"

美容师忙着给顾客做生日赠送项目，等护理结束，大家一起点蜡烛、切蛋糕。店长则下厨煮了一碗鸡蛋长寿面，献上自己的心意：

"姐姐，祝福您！"

那张小伙伴们和顾客围在一起吃长寿面的照片，成了静博士年度十大温暖人心的镜头。

有一位从事房地产开发的顾客，是静博士的老会员，几年前她经常给小伙伴们上课："杭州的城市基础建设越来越完善，房地产市场一定会迎来很大程度的发展。你们想要长期在杭工作，需要解决孩子的读书问题，通过购房在这里安家落户，是非常不错的选择。"

在她的"怂恿"下，原本对买房毫无概念的姑娘们渐渐动了心思。这位顾客用自身的资源帮姑娘们获取公司内部价，一心一意地帮助这批来自农村的姑娘成为新杭州人。

事后，小伙伴说："直到买了房子，我们都没注意过房子是朝南还是朝北，甚至不知道在哪个楼层，只是相信姐姐会帮我们搞定。现在回过头来想想，她帮了我们很大的忙，不仅解决孩子读书问题，房子还涨了这么多倍。"

诸如此类的事情可谓不胜枚举，常常听说哪位顾客帮忙推荐店铺，为员工介绍对象，为员工孩子联系学校……多年的经历让我们深知，当顾客切身地感受到从员工的服务中获益时，就绝不会吝于表达自己的善意。

岁岁年年，点点滴滴，我真切地体会到"生意生意，就是美好生活的意义"，也充分地感受到真诚平等的客户关系所带来的温暖和尊重。

顾客与员工之间，是被服务者与服务者的关系，但大家同时也是邻居，相互守望一份关怀和温暖。

"我是你生活的一部分"，这是最美好的邻里关系。

06

企业和行业的关系：
共生共赢，推动行业正循环

"客户不见了""营销手段失灵了""信息化程度很低"，行业在洗牌，生意越来越难做。在数字化时代，中国美业走到了十字路口。如何坚持长期主义布局，打破生意的边界，改变原有的盈利模式，用互联网思维把美业重新做一遍，这是美业创业者都要思考的问题。

躬身入局，努力向行业发声

受哺行业，心存感恩

发出声音，炮轰乱象

站在舞台，被逼进步

洞察行业，从根上剖析问题

客户不见了

营销手段失灵

行业信息化率只有 1.5%

变局时代，美业值得重新做一遍

长期主义布局

打破美业生意的边界

把美业重新做一遍

躬身入局，努力向行业发声

受哺行业，心存感恩

我做了13年记者，又创业多年，缓步行来，有一天突然开悟：不管是企业成功还是个人成功，皆源自对触及的人产生了什么样的影响，是丰富了他们的生活，还是推动了他们的思想，抑或是帮助他们解决了实际的难题或者问题……

尤其是商业关系，需要思考为对方解决了什么问题，创造了什么价值，如果彼此相互需要，这样的关系就会长久。良性关系收获良性利润，不良关系得到不良负债，一切皆因果。

而静博士和同行的关系，我们将其定位为"共生共赢"。

这份认知是从偶然出现的，直到走过很多年，我才感叹地发现，初心没有错。

2003年，我们在杭州开出第一家静博士时，我要求设计师定调

"浪漫、温馨"，让人看了就喜欢。设计师很用心，她选了紫色做主色调，充分利用了自然光的暖色。一楼临街的一大面主背景墙，用大朵大朵的紫色玫瑰装饰，惊艳了路人。街上走过的人，常会忍不住被吸引，到店里看看。

但是，这间浪漫、美丽的门店一开张就碰到了不少难题：开张第一天，就发现客人来了，居然找不到可以坐下来和客人慢慢沟通的地方；接着，又发现门店里缺少员工休息室，员工们没地方更衣、吃饭；一周后，发现作业流线不通，楼上楼下很不方便……我和妹妹都是创业小白，对美容院需要哪些必需的功能区域完全没有概念。

其实，创业伊始，最困难的是不知道该到哪里去找美容师。当时，我没有一个从事这个行业的朋友，翻遍电话本托大家帮我找美容师，朋友圈子里也没人能帮上忙。后来，一个在大学工作的老师把为她服务的美容师介绍给了我，我们才终于有了第一个员工。

我们不知道要怎么选择产品和项目，不知道从哪里进货，不知道如何培训员工，不知道如何去做服务流程，开张一个月后发现不知道如何考核员工，更不要说开月会、做计划。

太多的不知道，种种基本的开店须知，那时候我们都一无所知。

令我印象尤为深刻的是，在创业的头一年里，静博士引进了一款谷物面膜的产品，是用面粉、鸡蛋清和牛奶等纯天然材料制成面膜，乍看起来很健康，特别符合有机天然的产品理念。但没有想到，这款面膜居然引发了"过敏"现象，多位顾客满脸起红疹。由于不懂原理，自然找不到问题的原因和合适的处理方法，顿时陷入了束手无策的窘境，只能在店里干着急。时至今日，我仍记得当自己面对一位满脸红肿哭泣着投诉的顾客时，下意识地握住她的手，她的手因为紧张而瑟瑟发抖，连带着我的心也难过地颤抖起来。

为了寻求解决之道，我们只能到处请教同行，听说深圳有一家颇具规模的美容连锁企业，就匆匆捧着鲜花上门拜访。

那是一个秋意渐起的下午，深圳的气候还很温暖，阳光穿透玻璃门照耀进来，店内装饰很美，我们带去的百合花很香，我和妹妹忐忑地坐在店内的小桌前等待。大约一个小时以后，逆着阳光走进来一位气质高雅的女士，名叫丹青。后来，我们才知道她生于几代书画世家、书香门第，下海开了美容院，在深圳有十几家门店，生意很好。

就在这个秋天的下午，我认识了第一个同行。

她听完我讲的情况，笑着说："这不是产品本身引起的过敏，而是因为材料黏性很大，反复清洗，造成了物理刺激，许多人的皮肤本就十分敏感，出红疹是必然的了。"接下来，丹青娓娓道来，她的声音很柔和，音调不高，语速也不快，一点一点地向我们传授经验、提供建议，推荐来自法国的美容产品，介绍香港的代理商……

这个下午也许于丹青来说，没有特别深刻的记忆，只是认识了两位来自杭州的稚嫩同行，谈了一些专业知识。但于我们而言，眼前终于打开了一扇窗，懵懵懂懂中仿佛找到了通往美业的一条路：知道了到哪里去进货，了解了什么时候参加美博会，需要进口产品还可以去香港的美博会，更清楚了想要进步还可以听哪些课程，参加行业哪些协会。不得不承认，我特别幸运，一开始进入行业就认识了一位素养很高的同行。后来，我和丹青也成了好友。

通过丹青，我们认识了更多的同行，开始走入行业，也找到了老师，帮我们做专业辅导，梳理服务流程，建立规章制度，了解一家美容院应该怎样经营。在同行的帮助下，我们慢慢步入正轨。

还有一件事情让我一直记忆深刻。

2008年，静博士在管理上出现了一些问题，我和妹妹想要走出去看看同行是怎么做的。我们来到广州一家知名连锁机构考察学习，当时他们已经有60多家连锁门店。老板很热情地接待了我们，还邀请我参加了他们的月度会议。坐在会议室里，我深深地感觉到自己和对方的差距：静博士还是在老板人治阶段，很多事情都是拍脑袋决策，根本谈不上战略目标、业务规划，粗放式的管理带来了一大堆企业问题。

当我看到对方下个月整月的会议安排表时，手心都是汗。只有目标明确，策略到位，才可能把下一个月的工作安排得妥妥当当，而静博士或者更确切地说是我的工作方式，在那时候连一个礼拜都无法妥善安排。看似只是微小的议事编排的区别，背后显露出的却是极大的管理水平差距。即便是这么优秀的企业，他们还请北大管理学院的教授来给高管辅导。

这次广州之行，让我深刻地照了一回镜子。在回杭州的飞机上，我内心很沉重：**企业的问题，往往出在"前三排"，但根子还在"主席台"**。作为企业的创始人，如果我不进步，企业就没有未来。

静博士十几年的创业路程，受益于同行的帮助和行业的滋养。在后来遇到种种困难和瓶颈时，同行的分享、前辈的启迪和行业协会的指引，都为我们提供了切实的帮助、开阔了眼界，给了静博士学习和成长的机会，促使我们加强员工教育培训，提升管理方法，归纳和梳理价值观，让企业慢慢走上正轨。

可以说，**如果没有来自行业同仁们的无私帮助，就没有静博士的今天**。

正因为在创业初期这一段无知者无畏的经历，让人难以忘怀，所以每当看到有新的后来者勇敢闯入美业，我都感同身受地想和他们交流分享。每次受邀走上行业的讲台，我总会说："静博士是做店起家，一步一个脚印地发展到现在。我清楚1家店的难，了解3家店的槛，明白到了10家店总部会出什么问题，懂得到了20家店时连锁体系建设的重要性；我了解生美转医美会遇到哪些坑，引进人才会碰到什么状况，这些我都一一经历过。你的痛，我感同身受，因为我痛过……"

任何一家企业的成长，在本质上都离不开其所在行业的滋养，更离不开行业的整体繁荣与稳定。**当一家企业受惠于行业，自然也理当承担更多的行业责任，用实际行动帮助行业中的后来者，回馈行业**。

我希望把自己吃过的亏、踩到的坑告知同行，让大家少走弯路，因为我们是同路人。

> 当一家企业受惠于行业，自然也理当承担更多的行业责任，用实际行动帮助行业中的后来者，回馈行业。

发出声音，炮轰乱象

靠近一幢建筑，我们能看到恢弘；而只有走进室内，才能看到灰尘。对于美业，我用虔诚的心走入，看到了美好，却也看到了厚厚的灰尘。

不得不承认，行业中的各种乱象导致我们这个行业的社会形象不算太好。在各类媒体中，关于美业，看到的大多不是正面宣传，而是负面曝光，中央电视台3·15特别节目几次曝光行业负面事件。

就连不少从业者自身也不待见这份职业，更难以用虔诚之心待客，弄虚作假，甚至违反法律法规。不少企业被批、被查后，就换个门面重新整装营业；有的门店收了客户的预收款，携款逃跑……

事实上，很多同行和协会领导都早已看到了行业深层次的问题，在各种场合大声疾呼。而我也是其中一个发声者。

　　记得一次在广州美博会期间，召开行业论坛，我是台上的嘉宾之一。一位在行业服务多年的60多岁的大姐站出来殷切地提出"美业要有专业主义精神"。没想到一位行业知名大咖直接打断这一发言，他说："谈什么专业主义，这些能管吃饱吗？这个时代，赚钱才是硬道理。"接着，他介绍了自己的企业如何赚钱，并推广了自家的产品。

　　场下几百人很安静，论坛主持人没有反驳。

　　轮到我发言时，我拿起麦克风说："做生意谁都想要赚钱，但今天我们作为嘉宾站在台上，不是为了证明自己有多牛，而是应该思考能给同行带去什么样的正能量，创造什么样的顾客价值。"

　　一时间，台下传来热烈的掌声。许多美业同仁最初对"祝愉勤"这个名字留下印象，并不是因为静博士有多么出类拔萃，也不是因为经营方法和产品有与众不同的特色，而是因为听闻我是个强劲有力的"炮仗"，在行业会议、各种论坛上敢于执言，个性鲜明，观点犀利，不怕得罪人。

　　记得有一年快过年了，一条视频成了行业热点。那是一家美容产品的代理公司，在年度大会上，高管在台上相互啪啪地甩耳光，还一边甩耳光一边大声喊口号……原来是因为年度目标没有完成，相互刺激为新年目标加码。很多同行对此视频褒贬不一，有的老板甚至还以此教育员工。

　　我看完视频，当晚就写了一篇文章，向行业传递对此事的认知和价值观，该文后来也成了行业的热点。慢慢地，我代表静博士的声音在行业里有了良好的反响，有了一大批同行者。

一天，我和老董等几位高管决定创办一所"静博士美业学堂"，向美业同行发出一种不同的声音。其实，当初这是一个"冲动"的决定，多年以后，我们没有想到，有一天我们会把行业教育当作使命来做。

"发出一种声音，结交一批朋友。"这几句口号不仅是静博士美业学堂的宗旨，也是我们步入行业教育领域的初心。

2012年炎热的夏天，静博士美业学堂向行业首次开课：

"在这个浮躁的社会里，没有什么可以轻易地打动人，除了真实；在这个浮躁的社会里没有什么可以轻易地打动人，除了内心的爱；在这个浮躁的社会里，没有什么可以轻易地打动人，除了前进的脚步。今天，静博士美业学堂本着真实、本着内心的爱、本着前进的脚步，向行业打开，欢迎来自全国各地的同行朋友们。"

时过多年，我仍旧记得那天杭州的天气很炎热，团队很亢奋，我自己很紧张，看着200多位同行排排就座，心跳如鼓。

那一天，我们确实没有想到在以后的几年时间里，会有5万多人走进静博士的课堂，更没有想到自己从此和行业命运息息相关……

第一次开课的主题是"尊重人性，文化致胜"，主要是对应行业内到处飘扬着的狼性文化。我第一天的课程就是"企业经营的六脉神剑"，通俗地讲就是"六个很难，但必须去做"：统一企业的目标很难，但必须去做；建立企业文化很难，但必须去做；上下真心待客很难，但必须去做；把钱分出去很难，但必须去做；建立企业内部的创新机制很难，但必须去做；锻造社会认同的品牌难上加难，但必须去做。

我讲了"长痘痘的苹果"，分享自己的创业经历和心得：统一目标要从创业合伙人开始，核心骨干的目标不统一，更难统一团队；为什么要建立企业文化，静博士是怎么建立的；为什么要把钱分出去，如何实施"小老板"计划……课程围绕我们所思所做，所有案例都是真实的，并邀请员工上台分享。

我几乎已经忘记是在讲课，仿佛那是一次对创业的总结和自我的告白。

当三天两夜的课程结束时，最后的情景让我终生难忘。在"谢谢你"的歌声中，所有参与分享的干部上台对来宾鞠躬致谢，没想到场内来宾全体起立，掌声持续不断，很多人哭了，相互拥抱，还有几位冲上台来和我们拥抱、击掌。

到最后，台上挤满了人，有掌声、笑声，还有低低的哭声，我深深地被震撼了，在那一刻深刻体悟到什么叫"以心换心"。

之后的两场课程报名在当天全部满额，"企业经营的六脉神剑"这一课程连开6场，每一场的结束都震撼心灵，远远超出了我们的预期。报名听课的热潮还没有过去，但团队已经精疲力竭，作为主讲人的我体力完全透支。

但是，我的心头却是难以言喻的喜悦：我们举起火把，才发现原来有那么多同行者早已守候。

直到第6场课程结束，团队坐下来开会，我取消了两份下属递交的计划，一份是年度业绩目标计划，一份是一月两次的开课计划。最后，团队商定：行业教育是一件很有意义的事情，利他利己，但不作为主业，静博士要深耕杭州，做好自己原本的生意。

在接下来的三四年时间里，我们每两个月开一次课或者到了经营空档期加一场，持续不断向行业传递我们的理念和文化。越来越多的人走进了静博士美业学堂，有的同行一跟就是几年，也推荐了很多朋友来听课。

"发出一种声音，结交一批朋友"，我们做到了。

站在舞台，被逼进步

随着一期期开课，静博士美业学堂的影响力越来越大，也吸引了越来越多的同行来到杭州。每次开课，主持人要报企业名，以致感谢。当报到来自我国内蒙古、新疆、海南、台湾、澳门甚至海外新加坡的美业同行时，我内心很忐忑也很敬畏：这么远的地方过来听课，太不容易了。唯有信任不能辜负。

口碑的力量带来了源源不断的生源，这是我们在初始时没想到的，但真正意料不到的还有两点：一是美业同行的"模仿力"超乎想象；二是团队被倒逼着进步。

有一次在杭州宋城附近的一家酒店开课，来自各地的500多位美业同行济济一堂。

我请来了浙江大学管理学院的老师和阿里巴巴的高管旁听，给我们提提意见。一个上午下来，两位朋友真诚地问我："你们这么敞开，真的不怕同行抄袭吗？刚刚报企业名字的时候，还听到有来自杭州、宁波的同行。静博士虽是区域领先企业，但不是行业老大，这样把自己的想法、做法告诉同行，风险或许很大啊！"

我无奈地笑着说："一开始只是想要在行业发声，冲动了，这不正为冲动买单呢。现在，那么多人从全国各地蜂拥而至，我们已经被'架起来'了，只想着要对得起远道而来的朋友，就怕他们不满意。"

两位朋友担心的事，很快就接二连三地发生了。

有的同行不仅全盘复制在课上讲的内容，还一一拷贝静博士的企业文化、口号、各种文宣，有的甚至在文宣中连错别字也不改；每次下课后学员结队去静博士总部参观，办公室里的文件、表格、宣传品都会被拿走。静博士提出"爱的手工艺人""静心关怀""一颗长寿心、百年静博士，三大精气神、六味养心丸"，同样的内容把企业名改掉后，可以在全国很多美容院墙上看得到。

有一家公司把他们的减肥项目全部替换成了静博士的"林蛙减肥"，从项目名称到理论、实操案例再到服务流程，全部复制。我们把减肥的文宣做成了一张宣传报纸，他们也是。两张报纸放到一起，把企业名盖掉，几乎一模一样。当时，团队义愤填膺。

为此，我们内部召开了一次特别"拷问灵魂"的会议。会议从争争吵吵到最后达成共识：我们要和美业同行一起探索美业经营的健康之路，尊重美容师为"爱的手艺人"；要对客户诚信经营，拥有社会认同的价值观；要推动行业正能量，以提升整个社会对美业的认知，这不正是一家行业教育培训机构应该承担的使命吗？

那一天，伙伴们在相互确认的眼神中看到了光，而我的内心也有一种让人激荡的东西流过，这是静博士从企业迈向行业走出的第一步。

美业大多是中小微企业，是一个如同野草一般自我成长起来的行业。美业中的大多数创业者是女性，从业者普遍学历较低，但勤奋好学、努力拼搏，我们发现很多同行从"抄袭"到二次创新再到"超越"，并不需要太长的时间，其内在顽强的生命力更让人心生敬佩。

从"抄"到"超"，本身就是一种向上的前进力量。

静博士要做到的就是努力前进，不被赶超，不然就会被"后浪"拍死在沙滩上。

事实上，这是一种很好的鞭策力，这在开课前是没有想到的。这种力量不是领导说几遍或者靠KPI考核出来的，而是团队内在自发的力量，是每一位站在台上分享的伙伴当看到听到客户认同后由衷的自我升华。人心总是渴望被认同，希望自己对别人有帮助；同时，看到同行身上很多的闪光点，照见自身的不足，更是自我激发不断改进。

我们请来了专家，系统性地辅导，自我梳理和总结得失，把失败与收获的真实案例全部融入课程，并上升到方法论，开发了一系列成熟的课程：年度战略课程"找到第二条成长曲线"、单店盈利模式课程"变局时代如何打破店的边界"、团队正能量课程"凝聚心的力量"、店长管理课程"从侠客走向将军"。

然后，再把课程确定为"红、黄、蓝、绿"四个调：从红红火火的团队精神到千万门店的财富创造，到迈向蓝海的模式拓新，再到基业长青的系统建设，我们把对寄托在静博士身上的理想也一并寄予行业同仁。

我们在课堂上分享的内容，始终与企业当前自身探索与努力的方向高度一致，毫无保留，即使有不成熟的尝试，也会拿出来与同行一起交流。我们还定期举办行业高峰论坛，"创新英雄西湖汇"每年都会邀请行业内外的专家来参加分享，其中不乏阿里巴巴、海康威视、盒马鲜生等知名企业的高管。

随着和行业的深度链接，静博士的文化越来越开放，一年几次公益演讲、直播，也会把一些对企业内部的课程同步向学友们开放。2018和2019年，静博士连续两年把内部员工的课程"凝聚心的力量"和阳明心学的课程全部与同行免费分享；每一年的元旦之夜，是我对行业的新年公益演讲，我会从一位资深行业人士加上财经记者的角度来分析过去的一年行业得和失，再来展望新年行业可能面临的变化，连续5年，从几千人到近10万人收听。

同路人越来越多，各种好的反馈也呈现在我们面前。

每一次课程结束，我们就会复盘、总结、提升，对战略目标、经营管理、团队建设、企业文化等进行深入的挖掘和系统化的整理，这实质上也是一次次前所未有的自省过程。我们愈加清晰地认识到做对了什么，犯过哪些错误，更能够洞察到企业存在的缺陷和问题。在课程的研发和验证阶段，静博士往往能成为第一个被自己教育、纠正和鞭策的"学员"。

同时，我们也向同行学习，把其中一些好的做法用到企业自身经营中，这就是教学相长。

因为这是一个开放的行业平台，我们认识很多优秀的企业和门店：天津一家有十几个连锁门店的企业，因为刮痧一个开口项目而让每一家门店客户盈盈，从不缺客；海南一家美业集团，不仅由生美向医美导客，更让医美向生美引流，建立了双美拓客系统；深圳一个5家门店的小型连锁机构，把单店盈利做到行业标杆；还有很多优秀的产品供应商和代理商走进了静博士美业学堂。因此，我们优化产品供应体系，也为很多门店无偿地推荐一些好的上游商家，其中仅为一家仪器厂家就推荐了100多个客户，也有同行在美业学堂的平台上找到了客户。在懵懵懂懂中，我们把行业一些上下游企业链接了起来。

这或许正印证了"无心插柳柳成荫"的古谚。

美业学堂开办8年，有5万多位同行、1万多家企业走进课堂。静博士始终没有因为"被复制"而掉队，反而在与其他企业的交流中拓宽了自身的视野，从各个板块对标优秀的典范，在被学习和追赶的压力下倒逼前行，不断探索，自我蜕变，实现了企业发展和行业教育互相促进的良性循环。静博士团队以能走上行业舞台为荣，讲师队伍逐渐成长。

而我也有了对自己未来的定位：有朝一日，我希望以一名"校长"的身份退休，我愿在这方小小的讲台上传递一份微光。

回顾8年的历程，欢笑和眼泪相伴，喜悦和焦虑交织，反省和成长同行，内心更多的是敬畏和感恩。借此，我们也更深刻了解了美业消费者、经营者普遍存在的问题和痛点，在数字化时代急需破题。

我们在"发出一种声音，结交一批朋友"后面，加了两句"搭建一个平台，成就一番事业"，也许，静博士可以为行业再多做一点事情。

洞察行业，从根上剖析问题

客户不见了

走进静博士美业学堂的同行，探讨最多的问题是："客户不见了，生意越来越难做，该怎么办？"

近3年来，美容院的业绩连续下滑，大家都在感叹"钱越来越难赚了"，却不知道究竟是谁动了我们的"奶酪"。以前的赚钱方式都行不通了，美容行业出现大面积的洗牌，行业格局重整，上游、中游、下游都在苦苦寻找破局之路。

有一次，我和团队去巡店，在杭州文二西路上，1000米的街道两侧就有十几家关店或转让，其中有多家是美容院。疫情后，我去过湖南、吉林、北京、上海等几个省市，走访了几家同行，触目惊心的是"客户都不见了"。

长沙一家养生机构，门店面积有1000多平方米，曾经人满为患，而现在门店后面的几个房间全部锁死了，只开放了前面两三个房间，每天的客流只有几个人。老板说："关又不能关，开了这么多年，很多都是预收款，欠着客户呢；开，又不知道如何是好，老客沉睡了，新客进不来，长期维持的成本很高，不如关掉几间房。"

北京一家500多平方米的门店，花钱请行业拓客，公司纳客，热热闹闹一阵子，员工也被调动起来，过后发现低价纳来的客户都不是目标人群，反而投诉增加，员工流失……现在，每天上班的员工比到店的客户还多，生意一筹莫展。

拓不进，留不住，唤不醒，被分流，这就是美业的现状。

那么，客户到哪里去了？真的是市场规模缩小了吗？还是我们在巨变的时代压根儿不知道该怎么和客户链接？

我们不妨来看看其他行业出现的问题。

一年卖出几亿杯、杯子可绕地球几圈的某飘飘奶茶，出现负利润；浮力森林这么著名的蛋糕连锁店，关门了。"这个时代，常规套路行不通了"，行业巨头也无法避免被洗牌。

真的是消费者不喝奶茶了吗？还是奶茶市场变小了吗？或是一些新兴的奶茶品牌崛起，用互联网的打法替代老品牌，迅速瓜分了市场？这个答案已经不言而喻。

我带着高管团队去长沙考察，在街头看到一家网红奶茶店。一个城市布满几百家门店，到了晚上10点，几家店都还在排长队，不管多晚，员工都会按照流程，让顾客一一品尝其他口味的奶茶，他们在创造体验感……

不是我不明白，是时代变化太快。自古至今，环境一直在变，产业也一直在变，唯独不变的是生意的本质。**生意的本质就是"满足客户的需求从而获得回报"的过程。**

以往行业的盛况如疯狂促销、排队减肥、美白风潮、高额的海外抗衰等一去不复返，市场在悄悄发生变化，美业正在向以顾客价值为圆点的模式回归。

有人说美容院生意难做，是因为疫情影响，那就来问问自己：我们真的是被疫情打垮下了吗？真的是疫情才让我们找不出出路吗？还是我们本来就苟延残喘，早已举步维艰呢？其实，疫情只是最后一根稻草而已。

生活美容从2014年起就已经开始洗盘，生意一年不如一年，到2018年跌至谷底，早已被"各路英雄"拦路打劫，到2020年碰到疫情，日子更加艰难。近几年，很多门店开始切入细分市场，争取突围；或者链接医美、中医、大健康、养发等，寻找新的利润增长点。

而医疗美容在生活美容往下走的时候，需求开始井喷，连续几年持续高走，于2017年达到高峰，2018年止速，2019年开始下行。据有关部门统计，仅2019年一年间医美机构就关闭了2600多家。2020年疫情后，医美市场开始反弹，一年左右的时间里又开出5000余家机构……竞争进入白热化。

行业整体市场越来越大，泛美业市场已达到万亿级别。生美、医美、日化、药妆、小光电从2017年开始逐渐融合，相互渗透；而客户的需求也不断地被开发：从头到脚，从前胸到后背，如头发护理、头皮护理、天鹅颈、少女下颌线、胸部护理、五行通背、手臂雕琢、私密维养、腿部通经络、足部理疗等。我们发现客户的需求越来越多，市场越来越大，但门店客人越来越少，生意一天比一天难做。

我们在漩涡里打转：跟不上新的消费模式，踩不住新的产业模式。

触达方式不对，拓不进；供应方式不匹配，留不住；无法洞察需求，唤不醒；新模式新平台的崛起，被分流。

有人说是电商、微商、美妆网红分流了美容院的客户，动了我们的"奶酪"……这无可厚非，这些线上商家确实分流了美容院一部分顾客，我们看到卖口红卖过亿元的主播，我们看到卖面膜卖出十几亿元的企业。

但是我们也许更应该从深层次去思考：美业传统门店在这个数字化时代，是否能够洞察到客户的需求并满足客户的需求；以前赚钱的逻辑，在数字化时代碰到了什么问题，又该如何破局？

以前，美业的很多门店基本是靠信息不对称赚钱的。产品和人不互动，地域不互通，信息不对称导致价值不对等，有什么就卖什么，在竞争并不激烈的阶段，很多美容院老板靠卖产品和服务赚得盆满钵满。过去，美业就是靠卖产品、卖服务来赚钱，因此需要狼性卖手，于是行业狼性培训才风靡一时。

如今，行业竞争白热化，竞争对手四面八方而来，瓜分市场，掠夺资源，再加上移动互联网的出现，资讯透明，信息对称，顾客越来越懂行，满足顾客需求的方式也发生了翻天覆地的变化，需要线上线下结合。如果不会，或者反应太慢，顾客就会越离越远。

记得在2003年，客户总说去静博士做林蛙减肥，每天要排队。时隔多年，看看现在的减肥方式数不胜数，不说减肥产品，光减肥网站就有N个，还有很多App可以教大家宅家瘦身，就连一些卖水果的连锁店都开始卖减肥水果餐了，各路人马都在分流减肥生意。

在数智化时代，赚钱的逻辑彻底被改写，单一卖品项的时代早已经过去，整个社会进入到了卖解决方案、卖生活方式的时代。我经常启发员工："顾客是想要减肥还是要身体年轻态？是要祛斑还是皮肤健康态？"如何从"产品买卖关系"与时俱进地进入"深度服务关系"，用解决方案满足顾客的需求。我们来看看其他行业，譬如家装业，以前在专业市场卖油漆、水泥，后来卖整体装修方案，而现在致力于为顾客提供一站式服务，拎包入住。

美业渠道的赚钱方式，一直是一环吃一环，在产品经过的各个环节都会加价，这其实是一种单向赚"差价"的模式，但是互联网把信息打通，很多平台直接面对消费者；一些连锁门店打掉了中间环节，链接厂家或者科研机构，让利消费者；而医美行业的上游更有绝招，推出新品之前，先用大量的新媒体营销方式（如请网红代言）把产品和仪器炒热，消费者被鼓动后主动寻找，倒逼下游机构进货。

一切都在变，顾客在变，满足需求的方式在变，盈利模式也在变。变局时代，美业从业者不进化则退化，只有洞察客户、满足客户、贴近客户，才是出路。

营销手段失灵

2019年，举世闻名的"维秘"时尚秀宣布停办。在2001年，维密秀在美国广播公司（ABC）播出，当时有1240万观众收看，高挑美丽的模特、性感迷人的服装、动感的爵士乐，视觉效果超好的秀场，带给大家极致的感官体验。然而，到了2018年，收看这一全球最具影响力的年度时装表演的观众只剩下了300多万。每一场维秘秀的成本超过1亿美元，在连续6年大幅度下降的收视率、持续亏损的销售业绩下，母公司L Brands不得不重新考虑新的营销探索，取消2019年维秘秀。

为什么再有效的营销手段都会逐渐失灵？当时，"维秘"的CEO在媒体接受采访时说："时尚也需要创新和变革。"

分众传媒的创始人江南春认为，**以移动互联网为代表的媒体改变了传播市场的主导方式**。互联网的崛起把信息从多元化变成碎片化，进入粉尘化时代。旧有的品牌传播方式完全失灵，新方式正在崛起。

回看中国美业，传统的营销方式不外乎广告投放、百度竞价、明星代言、专家会销、活动促销等，静博士曾经在杭州很豪迈地一口气投放了200块路牌广告，在各大马路和街道都能看到"静博士让你瘦成一道闪电"，当时品牌迅速崛起，客户量也增加了不少。

可放到今天，还能有这样的效果吗？环境早已不可同日而语。

很多年前，我在广州参加过行业的一场营销盛会，记忆深刻。

那天晚上，在五星级酒店的礼堂中，所有来宾盛装出席，多位明星莅临，音乐、鲜花、美酒把现场点缀成欢乐的海洋。那是广州一家渠道医美机构举办的晚会，他们和多位明星签约。当晚会场气氛非常热烈，主持人一次一次把气氛推向高潮，C端顾客为了和明星合影，纷纷解囊刷卡。一张明星合影卡至少要预存10万元人民币以上额度，一晚上签单超过5000万元。

这就是美业同仁耳熟能详的明星活动，这样的盛况一去不复返。

再来看行业的其他营销手段，医美机构以前靠百度竞价拉客流，现在营销成本超过30%，一个点击就要过千，网络竞价压力无限。

我们看到过去很多促销活动，送名牌包包，抽金条，包游轮，有的企业甚至还直接把现金作为营销的刺激手段。但现在，这些促销行为都过时了！

旧的答案已经分崩离析，新的答案仿佛还没有着落，我们试着去打开"时代的盒子"看一看。

其一是资讯模式改变，互联网对资讯的传播能力，在过去5年当中超过了所有传统媒体的收视总和，2015年是传统媒体的分水岭。其二，主流人群不看电视，他们在微博、微信上一天花5个小时的时间看内容，很少看广告，这是营销传播要面对的重要挑战。其三，人们的娱乐方式也改变了，原来我们回家看电视剧，现在流量转移到了短视频市场，且有非常多的选择。其四，美业以前是卖产品、卖服务，需要广告传播，但是现在要卖解决方案，要推广生活方式，那更需要口口相传和社群营销。

思美传媒的一位朋友跟我说：**"要跟着客户跑，客户在哪里，营销就在哪里，一定是要改变原有策略！"**

目光聚焦的地方就是财富聚集的地方，就像蜜蜂追着鲜花飞，营销跟着客户跑。

现在的人们走在马路上，目光都盯着手机，视线被分离。以前，在美容院门口发个广告，还有人被吸引到店体验；现在，路过的人看起来是顾客，其实只是游客。

人们的生活方式发生了巨大的改变：出去吃个饭、做个护理，都要先打开点评网站瞅瞅；以前逛街上商场、超市，现在逛街上抖音和小红书；碰到问题，先问百度。我们眼前看到"时代变迁模式更替"，耳边听到"客户在前端就已经被拦截了"，我们知道世界在变，其实，身边充满了确定性，只不过还不知道它最终的样子。

有人说，在传媒时代，人们都住在"地球"上，我们还能看到聚焦点；到了PC互联网时代，人们的活动范围扩大到了"太阳系"；到了移动互联网时代，人们就好比散居在"银河系"，广告砸进去看不到一丝水花，品牌发声微乎其微。

繁花尽谢，原有的营销渐渐失效，我们迷茫地走进了一条胡同：生意不好做，顾客不见了，想打广告，可是打广告只见成本不见流水……在这个变局时代，营销早已经不是原来的样子了，我们该何去何从？

我们不妨来看看，别人在这个时代是怎么做营销的。

天猫医美五城联动，热玛吉一场直播产生1.13亿元销售额；一场"医美放肆美"直播2094万人收看，远远超过了耗资过亿美元的维秘秀收视率。做商业的人基本都知道的营销4P（产品、价格、渠道、促销）理论，在这个时代被不断刷新，有人提出用"场景、IP、社群、传播"来替代原有的4P。当下知名度很高的网红"小罐茶"，创造了一罐一泡的场景；"江小白"创造了一个小聚、小饮、小时刻、小心情的场景。

看别人，比自己，苦苦挣扎，静博士尝试改变。

我们推出了一种新场景——美丽市集。9个健康美丽主题馆，1万平方米，8款现场体验项目，6项健康检查，上百台全球顶尖的智能仪器，50多个与美相关的时尚品牌入驻，匹配吃喝玩乐，使顾客拥有沉浸式的体验。在为期3天的活动时间里，有近万名会员走进美丽市集，参观这个小型的美容博览会，逛逛激光美肤区，看看医美颜值馆，走进私密幸福花园，体验各种项目，带来的新朋友有非常优惠的机会现场激活，在这里会碰到各路网红正在打卡。

静博士连续3年举办的"美丽市集"，成了杭州女人逛集聚会的新场景，创新了营销方式，创造了一个大量纳新客的渠道。我们还通过美业学堂向行业推行，行业内多家企业开始操办自己的"美丽市集"。

我们把打广告投路牌的钱投入到新媒体矩阵建设上，入驻电商平台，联动第三方平台合作，布局抖音、小红书等，开通直播带货。静港医美还打造名医IP，视频面诊，线上互动，进入同城名医榜，定期推出院长和医生直播，开设抖音专号，一条科普视频点击超113万；在疫情期间，和一家第三方机构合作，一上线就被超过4000的团单秒杀；我们还对老客户采取分层分级的精准营销；静博士的一场暑期直播，卖了9000多单。

被逼出来的路，有时候是生路。

行业信息化率只有1.5%

深耕行业教育，让静博士和全国各地的同行有了链接的纽带，一家小企业从此拥有一个大行业的深度视角。**我们发现，在中国美业，幸福的企业各有各的不同，而不幸的企业则基本相似。**

特别具有共性的一条是：**绝大多数的美容企业信息化程度都很低，并因此在新的时代遭遇发展瓶颈。**

2020年11月初，北京的天气已经很寒冷了，我跟我先生从饭店走回酒店，路过一家美容院，看到店门口打了一个广告——68元可以体验3个项目，非常便宜，就想去考察一下。刚推门进去，就看到一个漂亮的姑娘正在打电话。她看了我一眼，放下电话迅速地跑了出来。她开口就说："祝总您好，我参加过静博士的课程，在疫情期间听了你们的所有直播。"

因为有这样的机缘，我们沟通起来特别畅通。我问她，为什么低价拓客，有没有尝试线上拓客的方法？她回答：线上营销做过尝试，也许不够专业，效果不好；低价纳客，质量不高，成交率很低，但是不拓，没有客人，员工就留不住。

这不是一家门店的个性问题，而是行业共性。

同月，我去了吉林长春。静博士美业学堂和吉林美协成立美容教育专委会，为吉林的同行开课。当时，有两三百位吉林同行在场，我问："在场的各位同行，有互联网营销团队的请举手，有互联网工具助推经营和管理的请举手。"全场只有两三个人举手，当时我非常震惊。

等回到杭州后一周，我们向浙江同行开课，我问了同样的问题。非常令我意外的是，在这样一个互联网非常发达的省城，浙江美业的同行比吉林的同行也只是好了一点点。

这些问题一一摆在我们面前，引人深思。中国商业联合会携手美团发布的《2020中国生活美容行业发展报告》显示：2020年，中国生活美容市场规模约为6373亿元，但线上化率仅有1.5%，是餐饮服务业的1/10。从中大家就不难看到，中国美容行业的数字化率当前仍处于极低的水平。其他行业早已"山下旌旗在望，山头鼓角相闻"，而美业同行是"敌军围困万千重，我自岿然不动"。

纵观中国美业，生活美容门店超过200万家，医疗美容市场规模达2000亿元左右，其中经营不善的门店或者机构，基本都存在这个问题。

在数字化时代，行业已经被推到风口浪尖，面临着巨大变化：第一，经济大环境下行，人力资源红利消失；第二，在数字化时代，消费者在变，满足消费者需求的方式在变；第三，行业盈利周期改变，从暴利期到微利期，再到无利期。

在变局中，我们走进了困局。

2020年，新冠疫情毫不留情地冲击传统门店，而可以预见的是，今后整个社会数字化的推进将进一步打击传统门店：**不管门店装修是否很时尚、很高端，活动是否很丰富，只要不符合这个时代赚钱的逻辑，无法追随消费者已经改变的生活方式，就逃不过传统门店即将面临的劫数。**

不妨看看各行各业优秀企业的做法：连锁模式，像绝味鸭脖、名创优品、海澜之家等，是在标准化、渠道建设、供应链上下大功夫；直销企业模式，像安利纽崔莱，就在竞争性产品、教育体系、分利制度、伙伴关系上做突破；互联网企业模式，其主要思维是入口、流量、平台、生态。思维不同，打法也完全不同，而这些成功企业的底层基础建设，都离不开信息化。

复旦大学的一位博士生导师说："民营企业信息化程度很低，老板没有意识，或是格局和眼界不够，不愿意在长期布局上花钱。"

企业信息化在前期只能看到投入和混乱，看不到直接的经济收益，很多企业只是想要赚赚快钱，赌赌机会，当然不愿意投入；有的企业则认为自己只有一到两家门店，没必要搞信息化工具或是建客户管理系统，也不需要对接互联网第三方平台；或是到了不得已的时候，就买一个很便宜的系统，在团队组建上尽可能低配，于是问题层出不穷，信息化工程慢慢就成了公司的边缘工作。

这个时代，消费者在改变，年轻化、在线化是大势所趋，但我们守着一亩三分地，一成不变，如何走向未来。美业同仁亟须破题。

变局时代，美业值得重新做一遍

长期主义布局

2020年，一场突如其来的疫情把行业问题从根本上暴露无遗，最后一根"稻草"使得苦心经营多年的"面子"轰然倒塌。于是，我们照见了自己，开始扣问自己的内心：我们为什么焦虑，为什么浮躁，企业为什么禁不起折腾？是不是我们内心定力不够，太在乎眼前利益，在企业长期发展方面没有战略布局？

流水不争先，争的是滔滔不绝。

一个坚持长期主义布局的人，一般都是看到了大趋势，明晓了事物的发展规律或者发展周期，才在短期或者长期行为上有所选择。

好比一艘货轮在大海上航行时遭遇了暴风雨，船只随时都可能沉没，亟须轻装上阵，这时候船上的货物扔还是不扔，船长需要做出决断：扔了，立刻就产生损失，但有可能换来一条生路；不扔，船随时都可能会沉没。要做出正确的决策，就需要依靠决策者内心的定力和对事物本质的把握。

很多时候，不是看不明白，而是心存侥幸。

看看美业近几年被抓被曝光的几件大事，就能知道冥冥之中必有因果的道理。把客人带到泰国，高价卖所谓的荷尔蒙抗衰针，几十元一针的产品卖到了几十万元的天价，明知违法，但暴利诱惑，还是去干了，因为曾经有人干成了，赚了很多钱；风靡一时的传销式整形，上下线坐在医院大堂，不是探讨手术质量和美感，而是讨论拉多少客人分多少成，明知背离商业本质，但还是热火朝天地去干了；还有的在五星级酒店包下房间，请游医走穴，动刀动枪地做双眼皮、垫鼻子，这样做不仅违法，万一感染，那是要命的大问题，但还是有人冒险去做了。

当内心缺乏定力，在困难和诱惑面前，就无法坚守初心和价值观，为了短期利益违背原则或者铤而走险。其实，**从品牌建设、企业文化、管理模式、基础设施研发等方面，都能看出一家企业是否具有长期主义布局。**

具有长期主义思想的人，一定是有战略思维的，他们思考问题会和一般人不同。由外及里的战略思考：别人在怎么干，世界在发生什么变化，我如何跟上；由远及近的战略思考：不用当下的资源思考，用梦想来衡量路径；由客户到企业的战略思考：以客户为圆点，思考企业的应对方案。

　　从品牌建设、企业文化、管理模式、基础设施研发等方面，都能看出一家企业是否具有长期主义布局。

　　高瓴创始人张磊在《价值》一书中，有一段关于长期主义的话："于个人而言，长期主义是一种清醒，帮助人们建立理性的认知框架，不受短期诱惑和繁杂噪声的影响；于企业和企业家而言，长期主义是一种格局，帮助企业拒绝狭隘的零和游戏，在不断创新、不断创造价值的历程中，重塑企业的动态护城河。企业家精神在实际维度上的沉淀，不是大浪淘沙的沉锚，而是随风起航的扬帆；于社会而言，长期主义是一种热忱，意味着无数力量汇聚到支撑人类长期发展的基础领域，关注教育、科学和人文，形成一个生生不息、持续发展的正向循环。无论是个人、企业还是社会，只要在长期的维度上，把事情看清楚、想透彻，把价值创造出来，就能走在一条康庄大道上。"

　　张磊认为，这是一条越走越不孤独的道路，是一条越走越行稳致远的道路，是一条越走越坦然宁静的道路。

　　那天晚上，我边读书边有一种在千里之外电流共振的感觉。

　　美业从不缺机会主义者，流行啥卖啥，别人说什么好就跟风，最后不清楚核心产品是什么，差异化的竞争力是什么，更不明白企业的核心理念是什么；美业也从不缺速成主义者，一口就想吃成一个胖子，一个产品或者品项出来就用"虎狼之药"来刺激员工，希望迅速变现；美业更不缺犹豫主义者，想想这个有道理，那个也行，想要上船又怕去错地方，于是就一脚踩在船上，一脚踩在码头上，一直东张西望……这样的错，我们也许都犯过。

但时代变迁，行业进步，逼着我们思考：第一，这个行业有没有前途，是不是长期向上的行业？第二，企业是不是要在这个行业长长久久地干下去？如果内心确定，这是一个难能可贵的朝阳产业，想要好好干，就要看到更远一点，把战略目标和员工讲明白，"我们将走向何方，我们坚守什么"。

战略是主观的信念和坚持，是企业的主航道，是一种长期行为；而短期行为，在于当下客观的洞察和选择，是战术，要去辅佐战略，推动主航道。

比如确定了"以客户为圆点"的长期主义思想，那么企业的每一天、每一月、每一季的短期行为，就要去落实这种思想，在管理、流程、激励、考核等各方面去体现。

静博士一路走来，逐渐修正，尽量把目光放得远一点，努力做"时间的朋友"。我们在信息化工程、员工培训、干部培养、品牌建设上投钱，在选品理念上也是以客户价值为先，"合法合规、三证齐全"是最基本的保障，有效解决问题是关键，不仅做外部调研，还要内部多轮测试，坚持"全球严选，对产品和品项严格把关"，对合作企业的价值观也有考量。我一直认为，只有价值观趋同的人，才能合作得更长远。

在行业内，有一家名头很响的产品公司，和很多连锁门店都有合作，公司老板和高管联系静博士很长时间无果，有一天对我狠狠地说："这几年，静博士不跟我们合作，起码少赚了两个亿！"我笑着对他说："做生意我也想赚钱，但是我们有自己的选品理念。"

近几年来，我们开始"向科学家和实验室要产品"，和生物科技公司合作，确保产品在安全的基础上科学有效，能真正帮助顾客解决问题。我和先生经常出国参加各种行业博览会，去了解最新的资讯，参观过美国、意大利、法国、日本、韩国等国家的多个实验室，和科学家、专业人士沟通交流。

放眼行业，谁是"时间的朋友"，其实很容易看到。一些优秀同行默默深耕行业多年，一步一个脚印地发展，给同行带来了很多正向能量；我们也可以看到，很多商界优秀的企业家，既有远大的目标和信念，也有内心的原则，严格按照原则做事，极其自律，在长期的坚守中带着企业前进；我们更能清晰地看到，身边有许多优秀的同伴用自己的小优势在时间的长河里不断打磨，最后积淀为别人无法超越的大优势，从一个团队中脱颖而出。这些都是在长期主义思想的驱动下不断自我进化。

其实，高手从来不是靠运气和小聪明的，因为他们既有远见又有内心定力，知道自己想要什么，懂得该放弃什么和坚守什么，最后成为"时间的朋友"。

打破美业生意的边界

2020年，所有人都在说"这是10年内生意最难做的一年，也是未来10年生意最好做的一年"。换言之，扑面而来的数字时代，传统生意将越来越难做。

以前，美容院是这样赚钱的：首先租店铺，接着装修设计，再找到项目和产品，想办法培训员工，然后把产品和品项"卖卖卖"，一边卖一边考虑降低成本，提高利润，再开店，开多店，循环往复，把企业做大。但是，现在客人不见了，常规产品被电商分流了，人力资源红利消失了，店铺租金却不降反涨。

生美终端门店，处于无利期，进入行业整顿阶段。创业者纷纷寻找细分赛道，各种创新的模式正在悄悄冒出来。

再来看上游产品供应端，几级代理层层分销，以前代理商拥有好产品和一支卖手团队，就可以攻城略地，但是现在终端门店日子难过，"皮之不存，毛将焉附"，于是一荣俱荣，一损俱损。

生美整个产业链都面临同样的问题：收入上不去，成本下不来，利润找不到出路，经营状况断崖式下沉。

再来看医美市场，直客医院，因为前端客户引流价格已经占销售额的30%左右，日子并不好过；渠道医院，前端合作单位美容、美发、美甲、时装等门店，举步维艰，渴望外力援助，所以还被需要，但因为成本巨大，进入微利期；医生创业的医美机构，一两家日子滋润，一连锁马上进入死结，因为有专业无经营。

我们来看2021年第一季度几家医美上市公司的财报，两家上游企业华熙生物和爱美克客的利润率分别在20%和63%，而另一家医美连锁机构利润不到1%，新三板上市的几家医美机构，利润率都不高。医美整条产业链，上游赚得盆满钵满，下游其实也是苦苦挣扎而已。上游科技进步并未太多惠及下游产业链。

事实上，在降低成本的背后，考验的是企业管理的综合实力，但我们这个行业基本上都是小店、小企业，降低成本提升品质，本身就是很大的挑战。

而重资产的企业，资产没有找到变现的出口，为了提升顾客满意度，要不断重装。为了扩大规模和提升运营质量，这些重投入的资产就要被敲掉，到最后一文不值。

而美业产业链上的生意，基本分成单店经营、直营或加盟连锁、仪器租赁、教育培训，还有中游渠道和上游厂家，不管哪个环节，基本都是收入、成本、利润、投资。

我经常问自己：生意一定要这么做吗？除了这"一亩三分地"，还有没有出路？外行降维打击，原来的打法不灵了，我们该怎么应战？如何找到第二条成长曲线，创新盈利模式？

有一个词说得好，"不破不立"。如果我们打破对"门店"的既定认知，打破对"客户"的既定认知，打破对"同行"的既定认知，打破对"营销"的既定认知，会不会"思维一变，市场一片"呢？

静博士不断地和同行一起探索美业单店盈利模式，提出"打破生意的边界"。

以前，生意是"一床床"做出来的，一定会关注床效、坪效，而如果我们用互联网"无边界、万物互联"的思维去思考，那么也许门店就是客户的体验点，是品牌的展示区，而生意要打开门店的边界，找到新的出路："店+会"，把门店作为阵地，以多层级的会员圈来盘活私域流量，一个员工基于自身兴趣而经营的活动小组，就能够带来源源不断的活力；"店+线上商城"，用更加高效、便捷的选购、配送方式来为顾客提供服务；还有"店+微创客""店+直播""店+O2O""店+其他行业"……这些想法有的我们已经实践，有的还在探索。

在疫情期间，我向全体干部提出要"打破思维边界"，当接触式生意不能做的时候，要找到新的"粮食"。在无数次的团队会议中，大家提出"我们不能坐以待毙，必须破局"。在这一年里，企业有了新的突破。

其中一家店在疫后短短7天时间，创造非常可观的业绩，店长总结经验：疫情期间开拓线上产品销售；长期以来注重对客户关系的维护，疫情期间成立了一个"跳操会"，用抖音号指导会员跳瘦身操，还教顾客在家自制面膜等等。疫情一结束，这些在网上热络的会员们都纷纷回到了线下门店。

客户没有到店，可以提供线上购买渠道；客户没空到店，可以上门服务；没有新客，可以到线上、到群里去找，也可以和其他企业活动交叉"互换"客户。

关于美业上、中、下三端如何创新的盈利模式，我有些小小的想法，也供同行参考。

可以横向打破门店的边界，纵向打破产业链边界。如果拥有B端人脉和资源，可以从C端生意转向B端生意，和有渠道的人合作，优势互补，利益共享；也可以整合产业链，协同、联盟、挂牌、入股等各种形式，做大渠道，扩大规模，增加附加值；或者，可以考虑改变原有的交易结构和营销模式，把看得见的钱分掉，赚背后看不见的钱；还可以跨界、融合，与百业互联，或者定义新赛道。我想，生意难做，更要学会和人合作。

这是一个巨变的时代，行业边界越来越模糊，重新构建企业的盈利模式势在必行，只有不断地自我进化，才能适者生存。

此外，还有一点非常重要，面临困难，团队绝不妥协，要始终坚信：上帝关了一扇门，一定在别的地方给我们开了一扇窗。

把美业重新做一遍

网络上有一句流行语：任何传统行业都值得重新做一遍。

为什么要重新做已经不言而喻，因为不转型升级已经没有任何出路；而怎么做，没有人可以准确地告诉我们。且让我们站在山峦顶峰，从高处俯瞰这个时代的变化，仔细审视周边生活的变化，也许就能看出端倪，知晓是怎样的力量正在牵引着时代的车轮滚滚向前，令我们无法抵挡前行的潮流。

以前想喝奶茶，我们大概率会买一杯奶茶，一冲即可。而现在在美团App上点单，半小时外卖员就会送货上门，可以喝到各种现调的新鲜奶茶；以前晚上饿了想吃消夜，一碗几元钱的康师傅方便面就解决问题，现在上网一搜，各种拉面、螺蛳粉、小茶点，即做即送，热气腾腾；以前老年人买鞋，去百货商场买大众实惠的鞋子，现在则有专门为老年人设计的足部保健鞋，防滑轻便，便于跳广场舞，在淘宝、天猫上还可以享受7天包退换货的服务，价格也更优惠。

以前，我买衣服会去杭州大厦，现在则是在网上私人定制，或者海外带货；以前，买香水都买大瓶，现在却是买盲盒，一格一格打开，摸出一小瓶，享受那一瞬间解开未知悬念的快乐；以前，请客吃饭去饭店，现在可以请大厨上门服务，讲好价格，对方买菜配货，还自带服务员，最后把厨房收拾干净离开，网上结账。

自2013年移动互联网兴起，人们的生活方式开始日新月异，由于信息化、数字化的逐渐普及，全民消费模式发生了变化，人们需要更好的解决方案来满足消费需求，希望商家更人性化，服务方式更便捷、科学，价格也更合理，消费更透明。

我们可以看到，是一大波消费者的消费习惯发生了改变，进而带动各行各业的变革。红杉资本的全球执行合伙人沈南鹏说："每个传统行业，都可以用互联网模式重新做一遍。"

"你问我将要去何方，他们指的是数字化的方向。"

在美业，C端消费不精准、不透明，B端效率不高，从业者亟须提升专业技能和服务素养，S供应端问题层出不穷，无法满足前端客户的需求。在几年前与马云的谈话中，他曾预言：中国的美容行业将面临大面积洗牌。这一论断当然不是危言耸听，而是出于各行各业在面临数字化洗牌时的客观规律（几年下来，早已经被验证了）。

在数字化时代，美容企业迫切需要互联网化，我们已经不需要去思考"要不要做"，而是要思考"怎么尽快做"来主动拥抱新的变革。不管是上游企业的研发、生产，还是中游企业的渠道、销售、培训，以及下游终端美容门店的销售、推广、运营、服务，在各个环节都要思考信息化和新技术的应用，利用互联网来达到优化流程、提升效率、降低成本的目的。

同时，我们更要思考客户在哪里，他们的消费习惯发生了怎样的变化，企业如何连接到他们。"山不过来我过去"，客户在线上、在微信群里，那我们就要有工具和通路，在组织上也要有保障，要有团队来承接企业的转型升级，而不是光喊口号，行动却跟不上。

美业老板要全心全意地拥抱这场新的变革：第一，思想导入；第二，要有互联网工具；第三，要有互联网运营团队；第四，要改机制，规模较大的企业还可以考虑建内部平台。

传统美业转型其实是一件很难的事，因为我们已经习惯在老路上行走。海尔的张瑞敏曾说："熟知并非真知，我们现在所熟知的这些东西可能都曾经带来利益，也可能是我们割舍不下的，但是它可能很多都是和互联网时代相悖的，都是传统时代的东西。但是我们可能陷入传统熟知的东西里了。"

我们的视野要抬得再高一点，站在中国美容产业的高度去思考整个行业的转型升级：产业互联网将带给行业B端从业者、C端消费者、S端供应者怎样的红利？

"美业+互联网"，借力互联网、大数据、智能化、云计算等，就能够打通上中下产业链，对整个产业进行改造，重塑价值，提升上中下游企业尤其是传统门店的内部效率和对外的服务能力，实现整个行业的转型升级，形成美业互联网平台，打造一个健康的生态系统。

在线化、大数据化和智能化将被用以构建美业"基础设施"，就像水和电，就像高速公路一样，没有这些，美容院将无法走向未来。唯有行业具备优秀的基础设施，在行业中赖以生存的众多企业才能拥有顽强的生命力。

"未来已来，只是尚未流行"，美业必会在科技发展的趋势中迎来深刻的变化。

我们不妨来设想一下未来美容消费的新场景：你早上醒来，走到洗漱台前，智能的化妆镜自动亮了，镜面的显示器上显示了你的睡眠质量、身体体重、心率变化、皮肤质量、营养状况等大量丰富完善的生命数据，智能化后台迅速根据这些数据给出当天的美容化妆护肤建议，提供营养保健的饮食方案和运动方案，对可能的健康隐患给予提醒。智能美妆镜还会根据当天的气候状况，向你提示户外皮肤保养的建议；当你躺在美容床上，身体的很多数据已经流进了"智能美容系统"，而这个汇集各种数据的智能系统，将是你的专属美容养生顾问，会根据你的需要提供最佳的解决方案。

当然，你只需要用手指轻轻点点，就可以完成购买、预约、咨询、点评等一系列操作，可以在线和美容专家聊天，可以看到预约的美容房环境和技师，可以随时了解自己的消费账单，清清楚楚地知道自己的需求，明明白白了解自己花了多少钱。

正是基于这样的思考，2019年，我们成立了浙江爱我（AIWO）科技有限公司，以静博士多年积累的IT团队和信息化产品为基础，紧盯技术最前沿，不断引进数据算法、智能硬件、系统架构的高端人才。它的使命就是要引领中国美容行业走向数字化、智能化时代，向行业输送数字化和智能化的能力，成为数智时代全行业最可靠的"基础设施"。

我曾是一个美容行业的小白，受惠于同行前辈的无私指教，小有收获后搭建了行业教育平台，分享思想，交流方法，现在又创建了"喜鹊喜报"和AIWO互联网平台。在我的心中，愿与同行分享的心意从来都没有停止过。

我曾听过这样一个故事：在欧洲有一个小镇盛产南瓜，因此镇上每年都要评比谁家种的南瓜最好。有一位村民种南瓜非常厉害，每年都在评比中名列前茅。很多参赛选手都对自己种瓜的秘密敝帚自珍，但是这位南瓜大王却不一样，他每年都会将优选的南瓜种子送给乡邻。有人问他："你这样送种子，不怕别人种的南瓜比你的好吃吗？"他笑笑说："南瓜是授粉后坐果的，如果乡邻的南瓜种子不好，授粉后我家的也不会好。"

正如这位村民愿意把好东西和大家分享，静博士和AIWO都愿意成为那个和同行分享的"村民"。我们希望能把自己的"种子"撒出去，再从同行中汲取养分，这就是共生共赢。行业好才是真的好，才能实现行业正循环。

有一种美好，叫携手同行，我们分头努力，各自安好，彼此认同，守望相助。

红莓花儿开，相逢即因缘

　　我很喜欢一首非常优美的歌曲《风之彩》，那是动画片《风中奇缘》的配乐。动画故事讲的是欧洲新移民抢占了印第安人的土地，用粗暴的方式对待其中的生灵。而片中的这首歌正是出自主人公印第安酋长女儿之口，歌词质朴而深刻，表达了大地上每一种物种都与人类的命运息息相关。

　　我知道每块石头、每棵树、每个生物，

　　都有生命，有灵性，有名字。

　　你以为外表和思考方式与你同出一辙的才称之为人类，

但假如你跟随陌生人的脚步，

你就会有意想不到的收获。

你可曾听到，野狼向着冷月哀号？

可曾询问，山猫为何咧嘴而笑？

你能否与大山的声音彼此唱和？

你能否绘尽风的万种颜色？

暴雨河流是我的兄弟，

苍鹭、水獭是我的朋友。

大千万物，皆彼此紧紧相连，

造物的链条往复循环，生生不息……

听这首歌曲，内心澎湃而敞亮，仿佛格局在被打开，我们缓缓地和地球相连，生活在巨大的生态圈中。我们每一个人都是个体，是渺小的，但和世界相连，我们又是庞大家族中的一员，好像宇宙中的星星，并不孤单。也许我的光正照亮你，而你正在欣赏着我……

这个世界就是这么神奇，也许是一首歌曲、一篇文章、一个善举、一个微笑，都可能和他人发生链接，串起美好的关系。只要沉心细思，我们每个人都可以在生命中找到点点滴滴基于美好关系而产生并能让人内心充满温暖的瞬间。

两件事情让我觉得很奇妙。

我先生的一位老同学，多年没有联系，他没有我先生的手机号码，到杭州后试着拨打我们家的老电话，而这个电话在我们搬家后10多年很少用，没有想到就是这个老电话，又让两位分开多年的老同学链接起来。那神奇的8个数字兜兜转转竟然连到我初中班主任张老师家里，而恰巧我和先生曾经请老师吃过饭，他记得我先生。人生就是这么奇妙。

还有一件事情，记得在许多年前，我还在医院当护士的时候，有一次找科主任借一本医学书。他从书架上拿下书来时，上面早已经积满了灰尘。可当我回家打开书页时，一页信笺意外地飘落了下来。纸已泛黄，抬头是主任的名字，落款是很优美、秀气的草书，一看就是女生的名字。信中没有一个字，光一个乐谱，轻轻一哼："田野小河边，红莓花儿开，有一位少年真使我心爱，可是我不能对他表白，满怀的心腹话儿没法讲出来……他对这桩事情一点儿不知道，少女为他思恋天天在心焦，河边红莓花儿是已经凋谢了，少女的思恋一点儿没减少……"

这是俄罗斯经典民歌《红莓花儿开》，当时家喻户晓，广为流传。那样含蓄深切的感情，在那个年代唤醒了多少青年男女懵懂的情愫，这信中的绵绵情意跃然纸上。一曲歌谱，一位佳人，一封情书，却被尘封了起来，而当初告白的那个人不知何处去，被告白的人却懵懂不知。红颜已老，这一段感情长久尘封于一本书中，让人扼腕叹息。

我有感而发写下了这个故事，发表在《钱江晚报》上，见报后的第二天，信件如雪片般涌入编辑部，办公室电话被打爆了。那个时候，我还在医院党办工作，不停地有读者来访。当时，钱江晚报编辑部还专门做了续篇，转摘了一些读者的感言，后来钱江晚报20周年庆的时候，还把此文作为优秀作品收集在册。

更没有想到的是，时隔30年，因为这篇文章，我还有一段奇遇。

前两年，我心脏有点早搏，去一家医院做心脏24小时动态检测。一位和我同龄的医生问我叫什么名字，然后在本上登记，当他写下最后一个字的时候，突然抬头问我："你叫祝愉勤？你曾经在医院工作？"我一脸疑惑，回答道："是的。""你以前写文章？""……嗯，写啊！"面前的人是第一次见面，却对我的过往如此了如指掌，这让我有点不知所措。

他的声音提高了半度："你是不是写过一篇文章叫《红莓花儿开》？"当听到"红莓花儿开"的时候，我心中泛起了波澜，优美的歌曲仿佛在耳边荡漾，我笑着点点头。眼前的赵医生哈哈大笑，说："我是你的粉丝，那时，看你这篇文章真是心动啊，一直记忆深刻。"穿越整整30年，作者和粉丝握手。

那天，我们聊了很多，他送我到大门口，我们后来还成了朋友。

我越来越相信，某一天不经意种下的"因"，会穿越空间时间和他人链接，而结下"果"，这大概就是人们所说的"缘"吧。

经常听人说"蝴蝶效应"，指远在西伯利亚的一只蝴蝶扇动翅膀，可能导致两周后世界另一端发生龙卷风。世界如此奇妙，不管是物理空间还是情感空间，在一个巨大的生态圈里是相连的。

随着年龄增长，加上多年创业经历，我对"关系"有了更加深刻的理解，慢慢明白王阳明先生所提出的"万物一体"哲学思想，会更深地去思考和员工、客户、同行、合伙人等的关系，也会想"行业命运共同体""事业命运共同体"。

创业就是一个谋生又谋爱的过程，如果发自肺腑地爱顾客、爱同事、爱家人，就会构建一种互相滋养的关系。所谓"互相滋养"，关系中的双方要能够互相启迪、互相带动、互相促进，彼此都是对方的"精神益生菌"，既能碰撞出思想火花，又能感受到正面激励。是"相生相长"而非"相克相害"，这和互相撕扯、互相打击、互相拆台的相害关系截然相反。

细细想来，人世间所有美好的关系，都是"互相滋养"的关系。关系双方彼此付出和收获的都是利于人心、积极向上的正能量，最后便能够互相滋养，互相成就。

而我之所以起心动念写下对于"美好关系"的思考，或许也正是出于自己与文字的不解之缘和10余年来的创业经历：

如果没有儿时在大运河桥上那一次刻骨铭心的打架，也许唤不醒人性深处原本存在的野性的生命力；

如果没有幼年听评书又纵览各种书籍，就不会有自我弹性空间中宝贵的精神财富；

如果没有在青葱的岁月里那段重症病房的经历，就不会从人性深处去读懂生离死别和人情冷暖；

如果没有从护士到秘书再到记者的这段生涯，我也许就找不到创业这扇大门，也许永远找不到平衡空间的另一个自己，更收不到上苍精心策划给我的那个痛苦但极其珍贵的礼物，让我在年富力强的时候找到自己人生的使命；

如果没有O2O冲击，没有新冠疫情，没有处在这个波澜壮阔的时代，我或许不会去思考作为企业和社会、时代的关系……

凡是经历，皆为馈赠。

希望拙作能够对更多在创业道路上苦苦摸索的中小企业创业者，尤其是美丽健康行业的女性创业者有所助益。然而，首次以图书的形式进行创作远比想象中更为困难，因时间、精力的限制和写作方式的摸索，一晃竟已逾一年时间，才得以成稿。文中若存不足与谬误之处，还望读者海涵并不吝指正。

在此过程中，尤其要感谢亲人、同事、朋友们的陪伴和帮助，更要感恩难以计数的顾客、社会各界同仁对我和企业的支持与关爱。

有一句话是这么说的：总有一场相遇，是互相喜欢、互相欣赏，是隔着茫茫人海带着温柔奔赴过来的。父母子女，男女情侣，合作伙伴，乃至员工、客户、同行，如果是带着喜欢和欣赏而来，是带着祝福和感谢而来，那是多么美好的人生相遇。

在多年前，我写过一段小诗：

你未曾到来，

怎敢离去，

我在千人万人中等待，

等待与你相遇的欢喜。

在书中相遇也是一种欢喜。

今天，我也要在此对您说：我感恩，在书中和您的美好相遇。

▶ 静博士八大元老

▶ 浙商年度创新人物

▶ 家和万事兴

▶ 我的一家

▶ 我与妹妹

▶ 我与会员

▶ 我与员工

▶ 学士帽工程

▶ 美业学堂讲课

▶ 拜会马云

▶ "关怀家"在行动